笑って学んでin北京

桂小米朝落語&算数交流

彭　飛
桂小米朝
佐藤　学
小西豊文
堀　俊一
［編］

和泉書院

この本のキーワード

この本は桂小米朝師匠の北京での落語会、日本の小学校の先生の北京での算数授業、という二つの明るいユニークな国際交流（二〇〇七年三月二十四日〜二十八日）を紹介するものです。

日本の落語、日本人教師の算数授業は、北京で受けたのか？ 五十人以上の執筆者がさまざまな視点から知的な感動を伝えてくれます。

桂小米朝師匠は三月二十六日の午後、北京大学で落語を一席、同日夕方、日本大使館大使公邸で日本人会主催の落語会で一席。詳しくは第一章をご覧ください。

日本の小学校の第一線の現場の先生たちは、三月二十五日午前、芳草地小学校、午後は北京大学附属小学校、三月二十六日午前、昌平区昌盛園小学校、午後は北京外国語大学附属外国語学校で、北京の先生たちと一緒に教壇に立って算数授業をし、日中算数教育国際シンポウジムを行いました。詳しくは第二章をご覧ください。

日中算数教育国際シンポジウムには桂小米朝師匠も登場。自らの経験で算数授業を楽しくさせるノウハウを熱っぽく語りました。

落語で繋がる、算数で繋がる、友好の輪。今後の新しい民間の国際交流のありかたを考えさせられる本でもあります。

笑って　学んで in 北京 目次

第四節　北京の学校・北京の子ども

笑って　学んで　in北京
―桂小米朝落語&算数交流―

［第1章］桂小米朝・落語 in 北京

第一節　落語は北京で受けたのか………………

■ちゃうちゃうちゃう——初の中国の旅——

落語家　桂小米朝

初めての中国旅行が落語会出演という形で実現しました。北京大学の日本語学部の学生を中心に向けての落語会。どこまで日本語が通じるだろう…、期待と不安を胸に高座に上がり、「你们好《ニーメンハオ》！」と挨拶すると、皆が一斉に「こんにちは！」と日本語で返してくれました。

「日本語が分かりますか？」「分かります！」。「大阪弁、分かりますか」「大体、分かります！」

すっかり気をよくした私は『動物園』というネタを披露。途中、分かりにくいかなと思った所は瞬間的にことばを繰り返したり、片言の中国語を交えたりしながら、お客を摑《つか》んでいくことができました。笑いの渦の中、「はて、日本でここまで受けたことあったかな」と、ちょっと恥ずかしくもなりながら、落語は無事終了。

続いて、京都外国語大学教授の彭飛《ポンフェイ》さんを交えてのトークへと移りました。彭先生は日本語、特に関西弁の面白さについて言及。「標準語で『違う』というのを関西人は縮めて『ちゃう』と言います」。この瞬間、場内爆笑。すかさず私も「そうそう。ですから、『違うのではありませんか』というのは『ちゃうんちゃう？』となるんです」と続けて、笑い継続。よし、もう一つ行こうと、「『あそこにいるのは犬のチャウチャウではありませんか』というのは『チャウチャウちゃう？』となるんです」…。ここで笑いが来ない！　なんで？　あとで訊いたら、あの犬は中国では「ちゃうちゃう」とは言わないそうな。「松獅犬」と書いて、「ソンシーチュアン」やて。知らんがな。

会の締めくくりとして、私は『我愛北京天安門』という歌を熱唱。驚く学生達に、「じつは私、十九歳の時に大学の中国語の授業を一度だけ受けて、その時、覚えた歌なんです。三十年経った今でもなぜか口をついて出てくるんです。十代から二十代前半までに覚えたことは生涯の糧となるので、皆さんも頑張って日本語の勉強をしてくださいね」と言って、講堂をあとにしました。

その夜、今度は北京日本人会の方々の前で落語を披露。場所はなんと日本大使館大使公邸。皇太子ご夫妻の写真が飾られている控え室に通され、光栄の至り。『桃太郎』というネタを演じ、彭飛さんとのトークも大いに盛り上がりました。ふと、「政治レベルでも日中交渉をうまく進める鍵は、こういった文化交流にあるのではないか」と感じた次第です。

帰国後、「よし、本腰を入れて中国語を勉強しよう」と思い立ち、そのことを父に話すと、「その前に落語勉強せえ」と一蹴されました。

写真提供　中国国際放送局

北京大学にて

写真はいずれも佐々木芳郎

日本大使館大使公邸にて

■本物の刺激——こんなに笑ったのは初めての珍事——

前北京大学日本語学部外国籍教師・現清華大学日本語学部外国籍教師　笈川幸司

この一、二年、様々な日本語教育イベントが北京各地で行われるようになりました。日本にいる日本人は、なかなか知ることができないことですが、北京で日本語を勉強している中国人学生の中に、多くの日本のアニメファン、日本のゲームファンがいます。さらに、日本の「お笑い」に興味を持つ人が、ここ一、二年で急激に増えました。このブームに拍車をかけたのが、ここ最近最も流行っている「アフレコ大会」です。それは、ドラマの俳優やアニメの声優の声を消して、映像に合わせて自分たちが声を発するというものです。この大会で、日本の漫才やコントを題材に出場する学生が、一昨年の秋から毎回出てくるようになりました。

そうなると、日本の伝統的なお笑い「落語」に目が向くのも、自然のなりゆきというものでしょう。ここ一、二年で「落語」を題材に卒業論文を書く学生が増えてきたのも、このブームの御陰です。そんなお笑いブームの中、日本から落語の師匠がやってくるという、夢のような話が空から降ってきたので、多くの学生たちが喜びました。じつは本番前に、うちの上司から、学生たちを二〇〇名ほど集めて欲しいと依頼されました。しかし、いくつかの大学の学生たちにちょっと声を掛けただけで、当日は超がつくほどの大入り満員でした。逆に声を掛けなかった学校の学生

Grass
Roo

からは非難されるほどでした。

当日、師匠は、自分の話す日本語が通じるだろうか、笑いが取れるだろうか、と心配されていたそうですが、北京大学日本語学部創立以来初めて、会場が終始笑いの渦に包まれるという珍事となりました。みんな笑いが大好きなんです。幸い、会場も賑やかになったし、師匠も笑いをいっぱい取ったので安心していたと思います。

しかし、参ったのは、司会者にいきなり「スーツ着ている先生、どうぞ、ひとつ小米朝師匠に質問してください！」と指名されたことです。予想もしていなかったのです。「どうすれば、口が回るようになるのか、どうすれば、うまく聞こえるようになるか？」という、学生たちが僕によくする質問をしました。人間というのは、いざというときには、普段から考えている正直な気持ちしか出てきません。頭の中が真っ白になって、他のことは何も思いつかなかったのです。

小米朝師匠の答えを、みんな真剣に聞いていました。「途中で息をせずに、ゆっくり話してもいいから一気に話し終えること。これが秘訣」。夜の練習からこれを取り入れました。その後、二か月が経とうとしていますが、自分で落語の真似事を実際にやってみたいという学生が、私のところに時々やって来ます。また、インターネットで落語を見て練習したので見てくれないか？　来年、また師匠は来てくれるだろうか？　毎日Eメールを通して、そういう質問を受けています。ですから、今回の小米朝師匠の訪中が、北京の学生たちにどれほど大きな影響をもたらしたのか、もうこれ以上言う必要はないでしょう。

■異例の大使公邸落語会——桂小米朝・落語とトークin北京——

北京日本人会文化委員会副委員長（自治体国際化協会北京事務所所長）　池本武広

「桂小米朝・落語とトークin北京」は、北京日本人会文化委員会の特別イベントとして、二〇〇七年三月二十六日（月）十七時三十分から、在中国日本大使館公邸で行われました。主催は北京日本人会で、在中国日本大使館との共催です。こうしたイベントが大使公邸で開催されることは滅多にないとのことですが、今回は特別にご配慮をいただき、会場をお借りすることができました。

事前に北京日本人会の広報誌「日本人会だより」などで告知して参加者を募ったところ、多数の参加申し込みがあり、当日も開場前から多くの会員の皆さんが続々と詰め掛けて来られました。北京に住む日本人の間でも小米朝さんの人気はすごい！　北京じゅうの落語愛好家が集合したような雰囲気です。

早くも満員となり期待と熱気に満ちたホールに颯爽と小米朝さんが登場。今回の訪中の感想、北京大学の学生との交流に関する話をはじめ、ご自身の渡米経験、最近の親と子どもの関係など、軽妙な語りで次々

とよどみなく話題が展開していきます。最後は父親がお伽話『桃太郎』で子どもを寝かしつけるつもりが、逆に子どもに一つ一つ切り返されるという咄《はなし》で、会場はすっかり小米朝さんの咄に引き込まれ、終始笑いに包まれていました。

続いて、小米朝さんとは二十年来の友人である京都外国語大学教授の彭飛《ポンフェイ》さんから、日中のことばや文化の微妙な違いなど、楽しいお話をいただきました。確かに、中国語と日本語は同じ「漢字」を使っていますが、意味やニュアンス、使う場面が必ずしも同じではなく、戸惑うこともしばしばです。彭飛さんの巧みな話術はまるで落語家のようで、とても分かりやすく、会場の皆さんはみな熱心に聴き入っていました。

その後、小米朝さんがお洒落なスーツ姿で再登場し、彭飛さんとのトークショーが行われました。トークでは、参加者の皆さんとの掛け合いも交えて会場を大いに沸かせる一方で、小米朝さんから「常にお客さまの雰囲気を感じながら何を話すか考える」といった裏話も紹介されました。そういえばこの日も、トークの合間に聴衆の一人が小米朝さんのスーツのデザインについて隣の人と話していたのですが、小米朝さんにはそれが聞こえていたようです。早速その方々と小米朝さんとの間でやりとりが始まり、スーツの話題でひとしきり盛り上がりました。

これも小米朝さんと会場との対話の中で分かったことなのですが、今回の参加者の皆さんの中には関西出身の方々が少なからずいらっしゃいました。小米朝さんのおっしゃるとおり、「違う、チャウチャウ犬《けん》じゃないよ。」を関西弁で言うと「ちゃう、チャウチャウちゃう！」となってしまいますが、これはまさに、私たち北京に住む日本人が日々悪戦苦闘している中国語のリズムそのものではありませんか！

この後も彭飛さんとのトークの中で、音楽、絵画など趣味も広く新しいことにも次々と取り組んでおられる小米朝さんならではの、幅広く楽しいお話がいくつも披露されました。一方、率直な語り口の中に落語に対する真摯な姿勢や深い愛情が感じられました。小米朝さんご自身にも、今回の訪問でとても北京を気に入ってくださったようで、最後には「ひょっとすると自分のルーツも北京ではないだろうか……」といった発言も飛び出しました。このイベントに関わってきた私たちにとって、この上ない嬉しい一言です。

一期一会—落語との出会い—

北京外国語大学院生　李《リ》　丹《タン》

今回桂小米朝師匠の落語会に参加できて、本当にありがたく思っております。始まる前に、太鼓の音が聞こえました。あ、懐かしいなあ、太鼓の音。すごくワクワクしてきます。気付いたら、小米朝師匠はもう高座に上がっていました。男前でびっくりしました。こんなに端正な顔の持ち主なら、歌舞伎の役者さんにもなれるんじゃないかと埒もないことを考えていました。（汗）

小米朝師匠はマクラでは中国での旅話や、なぜ寄席では撮影禁止なのかを面白く説明してくれました。続いて「あそこに囲いが出来たんだってね」「へー（塀）」などの一口小咄《こばなし》を披露していただきました。いよいよ本題に入りました。演目は『動物園』でした。小米朝師匠の表情と仕草を見ながら登場人物を想像するのはとても面白かった。喬若兄さんの『動物園』のテープを何度も聴いたので、つい両氏の『動物園』を比べました。「ここのくすぐりは喬若兄さんのとはちょっと違うなあ。あ、師匠のトラの物まね上手《うま》い！」と一人で盛り上がりました。同じネタでも、咄家《はなしか》さんの個性やその場の雰囲気によって違う味わいの落語になります。これが落語の醍醐味ではないかと私は思います。

小米朝師匠の『動物園』は大ウケでした。客席は爆笑が渦巻いていました。私も気付くと小米朝師匠に引き込まれ、頭の中でお話の想像が膨らみ、久し振りに大笑いしました。楽しい時間が経つのは早いものです。あっという間に、四十分が過ぎてしまいました。もう一席聴きたいなあと思いながらも、師匠は別の予定があるようです。暖かい雰囲気の客席の中で、小米朝師匠の落語を聴いて、とても幸せな気分になりました。

落語はシンプルそうに見えますが、実は奥深いものです。噺家さんは人間の生きざまの実態を滑稽に、あるときは馬鹿げたようにさえ演じてみせますが、その中に、庶民の知恵、人情の温かみが潜んでいると私は思います。私にとっては、落語は春のそよ風、夏の花火、冬の炭火みたいな、心を暖め、人を幸せにしてくれるものです。落語に出会えて、また小米朝師匠に出会えて、本当に良かったと思います。来年大阪へ行って、思う存分上方落語が聞けたらいいなあと願っています。

（桂小米朝師匠の一席のあと続いて、師匠と学生との質疑応答の時間を設けた。一番に手を挙げて質問した女子大生はなんと〝落語オタク〟。「今日、授業をサボッてきました」と会場を沸かせた。「落語の『崇徳院』のさわりの部分だけでもいいからやってほしい」というリクエストも。この女子大生を様々な努力で見つけ出し、感想原稿をお願いした。──編集者注）

彭飛撮影

■小米朝ファン　北京に増える

堺市在住、元北京対外経済貿易大学客員講師　名越美幸

五月十一日の朝日新聞の天声人語に「粟《あわ》はかつては広く栽培されていたが今は五穀で、米と麦・豆が盛んに作られ、粟・黍《きび》はすっかり珍しくなった。」とありました。この度、北京で落語を披露されました桂小米朝さんの「小米」は中国語で「粟」を指します。（ちなみに「米」は中国語では「大米」と言います。）

北京到着後、バスの中で小米朝さんが「桂小米朝は中国語で何と言いますか？」とお尋ねになりました。私の発音を何度か繰り返され、北京大学での本番では完璧に自己紹介されました。また、

「中国語で虎のことは？」

とも聞かれました。私は最初、小米朝さんは虎年かな？と推察しておりましたが、高座を拝聴して謎が解けました。『動物園』という演目で主人公が縫いぐるみを着て虎になる内容でした。交流団の私達を除いてその多くが落語は初めての学生達でしたが、ポイントではどっと笑いが起こりました。

高座の終了後、以前日本語教師として勤務していた北京対外経済貿易大学日本語学部の学生二十数名と会いました。思わず熱いものが胸に込み上げてきました。学生は全員一年生（二～四年生は月曜日のため授業中で来られなかった）。昨年九月

に入学し、「あいうえお」から学んで半年ばかり、落語は少し難しかったかもしれません。

「でも小米朝さんの所作で話の内容が察せられて面白かった。」

「路線バスを乗り継いで来た甲斐があった。」

「もっと日本語を勉強して、又の機会にぜひ桂小米朝さんの落語を聴きたい。」

との感想でした。小米朝ファンが北京にも増えました。

「小米」の思い出を一つ。北京市王府井《ワンフージン》の西側の通り「西単《シータン》」に、いつもお客で一杯になる鳥料理のレストランがありました。そのお店のコース料理の最後に出るのが「小米粥」でした。小さめの椀に入ったほんのり甘いやわらかな粟粥で、あまりに美味しかったので食した日には、自由市場に寄り粟を買って帰りました。

赴任は一九九四~九五年でした。その頃は通学や通勤・買物に自転車を使う人がほとんどで、黄砂が舞う春、女性は透けるスカーフで頭を、なかには顔さえ覆っている人がいましたが、久し振りの北京にそのような光景はなく、自動車で溢れていました。それらの車の列を縫って私達交流団のバスが走ります。

昭和一桁生まれの方々から二十代の先生方までを引率して彭飛先生は北京の寒さの心配までしてくださいました。それは杞憂でしたが、三月二十三日までは本当に寒かったそうです。ところが翌二十四日から私達を待っていたかのように温かくなりました。算数交流団の先生方・上方落語交流団の方々、通訳や関係者の皆様、盛りだくさんのスケジュールをこなされ、ご苦労様でした。

北京対外経済貿易大学の学生達と

桂小米朝さんに同行して

米朝事務所代表取締役　今井浩（写真説明）
写真家・フォトライフ社長　佐々木芳郎（写真）

桂小米朝さんと北京の大学生（北京大学の大講堂にて落語『動物園』を一席）

◀北京の天壇公園での交流。中国の民族楽器・二胡を習う。

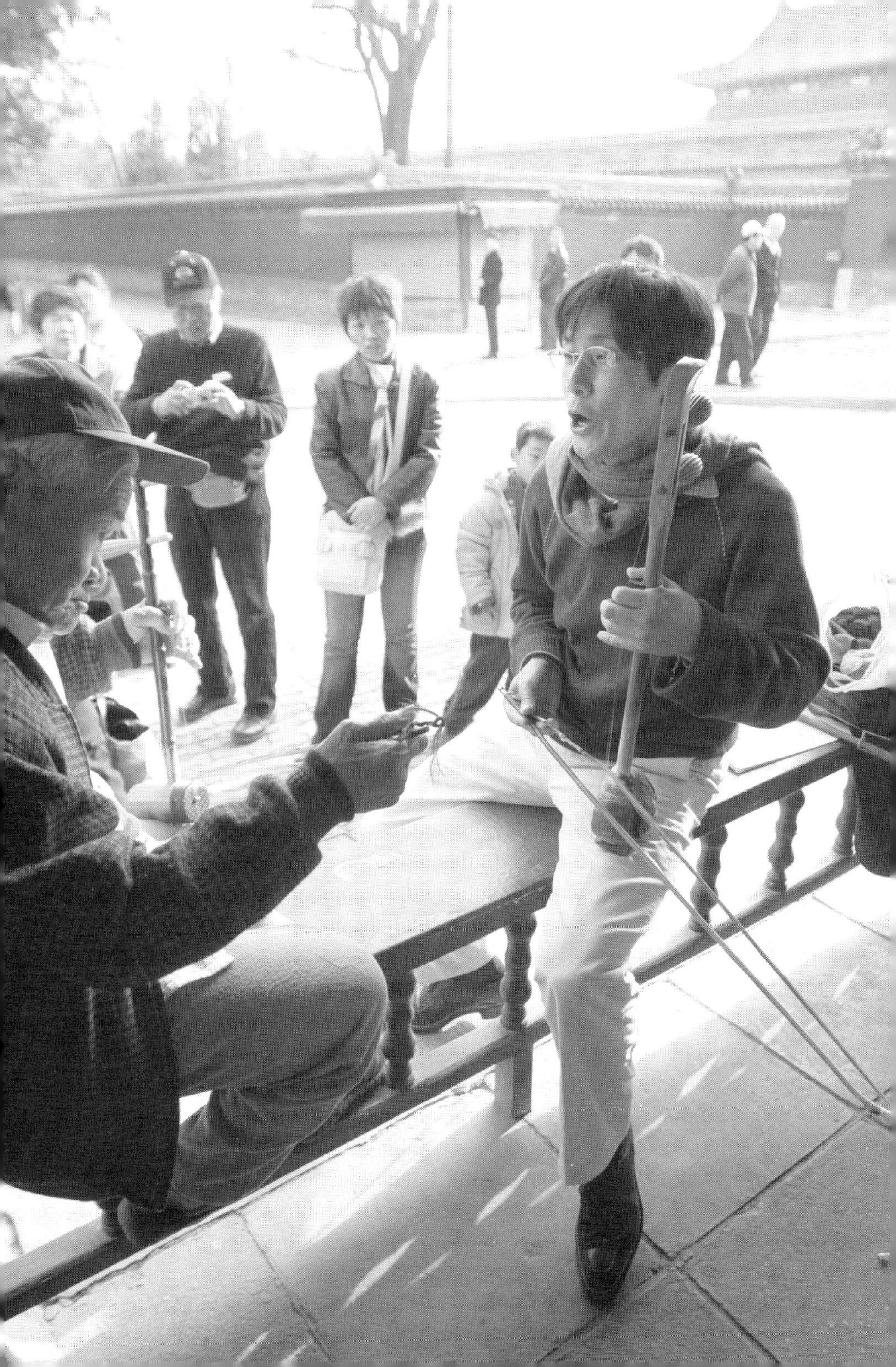

北京市国際芸術学校（中国雑技団附属芸術学校）の練習。この学校は雑技のほか、美術、舞踊、武術、映画・テレビ・舞台劇などの専攻コースがある。

北京の日本人会に桂小米朝自身の絵作品を贈る。（在中国日本国大使館公邸にて）

北京の天安門広場にて

万里の長城にて

第二節　北京での落語会のエピソード・裏話

レンガの触れ合い　「相声」の契り——師匠の通訳をして——

京都外国語大学大学院博士後期課程　苗《ミョウ》　荧《チエン》

京都外国語大学博士課程（東アジア）で日中言語文化比較の勉強をしています。今回は落語グループの通訳、そして交流先との連絡係を務めました。

楽屋は卓球室

落語会当日、小米朝師匠をホテルに迎えに行き、北京大学に着いたのは午前十時半ごろでした。会場のある建物は、北京大学のキャンパスではよく見かける赤い屋根の古い中国式の建築物です。ずいぶん古い建物に見えますが、とても落ち着いた感じでした。二階にある会場に入ると、日本語学部の彭広陸教授と何人かの学生が舞台の上でテーブルを設置している姿が見えました。さっそく師匠も舞台に上がって、セッティングの打ち合わせを始めました。

高座の設置や背景などについては、彭飛《ポンフェイ》先生を通じて、配置やバックの幕との色の調和などを北京大学の担当者と事前に細かく配慮し調整していたようですが、師匠は自らテーブルに上がって会場の様子を確かめてから、さっそく現場で気付いたことについて新しいリクエストを出しました。照明や音響のことはもちろんですが、第一に高座が講義用テーブルで作られていて、高さがどうしても足りないのです。

「落語の席は演者が高座に座っていても、観客一人一人の顔をみながら、しゃべっているのです。たとえ一部のお客さんの顔が見えなくても、全体の受けはどうなっているのかを把握できないと、うまくお話をすることはできません。」

と師匠はおっしゃっていました。特に、今回は慣れている日本での寄席ではなく、初めての環境で外国人を相手に咄《はなし》をするのですから、聞いている人たちの反応をちゃんと見極めて、即座にそれに対応できる手を打つことが特に大切だとお考えになっていたのでしょう。そこで、彭広陸教授は少し眉をしかめて考えながら、学生たちを連れて何処かへ出掛けていきました。やがて戻ってくると、みんなの手にはレンガが一枚ずつ携えられていました。

「ちょうど前の道路で工事をしているから、頼んでみたら、レンガを貸してくれたよ。」と彭教授はうれしそうな顔で言いました。こうして、三枚ぐらいのレンガを下に敷き、その上に長テーブルを並べ、さらに日本から持ってきた毛氈《もうせん》を敷くと、ようやく高座作りの完成です。大学の先生が微笑みながら、土のついているレンガを運んでいる――この光景は今思い出しても、なんだか微笑ましく思い出されます。

お昼の時間に、北京大学の歓迎宴が催される予定でしたが、小米朝師匠は公演の仕度のため、昼食会には出席されないことになりました。それで控え室に案内してもらったのです。三階にある「活動室」と書いてある部屋に入ってみますと、広々とした部屋のど真ん中に卓球台が一つだけポツンと置いてありました。壁沿いに観戦用の椅子がいくつか並んでいます。「ユニークなところだな」と師匠は言いながら、大きな荷物箱から着物などを手早く取り出し、開演前の準備に取り掛かりました。それを済ませてからこの卓球台に新聞紙を敷いて、用意された中華風のお弁当をパクパクと口にしました。突然の注文で作ってもらったお弁当でしたが、かなり気に入られたみたいで、開演前は二、三口だけでしたが、公演が終わったあと、帰りのバスの中では美味しそうに食べていました。

『チャウチャウ』って中国語で何と言うの?

落語披露が終わってから、小米朝師匠と彭飛《ポンフェイ》教授はトークショーを行いました。トークの中では、上方落語に使う関西弁のことも話題の一つ。

そもそも中国の日本語教育現場では、標準語で徹底的に一貫されていて、関西弁を初めて耳にする学生も多いのではないかと思います。じつは、小米朝師匠もこの事情に配慮して、公演前にいろいろ工夫を凝らしてきたのです。例えば、事前に演目に出てくる「动物园」(動物園)、「我是老虎」(私はトラだ)などの中国語の表現を覚え、話の最中にこのような中国語を入れたりして、爆笑を誘いました。リハーサルの時でも、「ミョウさん、ちょっと聞いてくれないか」といって、何回も小さな声で「動物園」の話を聞かせてくれました。途中には、「このことばは、皆さんに分かるかな」と私に尋ねますが、結局、実演のときは、おおむね関西弁のしゃべり方で咄を進めました。分かりにくいような関西弁の表現を普通の表現に換えたりして、たとえば「ぼんさん」を「おぼうさん」に、あるいはそういった表現のあとに、標準語の表現をさりげなく加えたりしておられました。

さて、トークショーでは、彭飛教授が関西弁の発音の特徴などを解説したあとに、師匠はその例証として、次のような話を皆さんに聞かせました。関西弁では「違う」を「ちゃう」というが、「これは犬のチャウチャウではないか？」という場合、「これはチャウチャウちゃう？」になりますし、「これはチャウチャウじゃないのではないか？」と言いたい場合、「これはチャウチャウちゃうちゃう？」になるわけです。これもおおいに受けたみたいで、爆笑の中、客席には「ちゃうちゃう」と師匠に相槌をうっていた学生もいました。

しかし、公演が終わったあと、師匠が交流団員に「皆さんは、チャウチャウってどういう動物なのか、知っているかな」と聞かれました。「いやあ、知らないかもしれません」と答えましたら、師匠は「中国語でもチャウチャウと呼んでいるとすっかり思い込んでいた。説明もしてなくて、失敗したなー。」と悔しそうな表情でした。そして、チャウチャウの中国語表現「松獅犬」をノートに書き、その発音「ソンシーチュアン」を何回も繰り返し、真剣な顔をして覚えていました。「よし、次のときにこれを活かそう」という勢いでした。

師匠がいつでもこのような演出効果にこだわり、いつでもチャレンジ精神を持って難関に立ち向かわれることに、本当に頭が下がります。チャレンジ精神といえば、

写真提供
中国国際放送局

師匠が王府井《ワンフージン》の露店街で初めて見るヘビの揚げ物に、興味しんしんで挑戦している場面も思い出します。

中国にも「落語」

北京の「老舎茶館」という老舗《しにせ》では、北京の伝統的な演芸が、毎晩上演されています。日本で言えば「寄席」のようなところですが、お茶を飲みながら、北京の伝統芸能を鑑賞できます。交流団の皆さんもハードスケジュールの隙間を縫って、そこでナイトショーを鑑賞しました。北京流飲茶を賞味しながら、皆は興味深く雑技や、手品、京劇、少林武術などを楽しんでいました。しかし、残念ながら、その日の出し物の中には、私が一番楽しみにしていた、それも小米朝師匠に一番見てもらいたかった「相声《シャンセン》」は入っていませんでした。

じつは、「相声」というのは中国の伝統的話芸の一つで、一人でしゃべる「単口相声」と、二人でやる「対口相声」があります。ユーモアあふれる話で客を笑わせる特徴からみると、日本の落語や漫才に相当するものになるでしょう。特に、「単口相声」には、落語と同じように、落ちがあって人々の笑いを誘うのが目的であるものと、そして、落ちのついてない「人情咄」のようなものとがあります。ただ、落語では、咄家《はなしか》は登場人物になりきって演出していくのに対して、「相声」では、説明と登場人物のセリフを交えながら運んでいくので、そこに大きな違いが見られます。もう一つ違うところは、舞台です。落語は高座があって、咄家はその上に座って話をするのですが、「相声」は舞台にテーブルが置かれ、噺家はそのテーブルの後ろに立って話をするのです。

これらの異なる部分があるにも拘らず、「相声」は長屋の人々の話から歴史上の有名な人物の話までをその題材にし、人情味たっぷりの暖かい話あり、世相の種々を鋭く諷刺する話ありで、こういう点においては、落語とは芯のところで通じているのではないかと思います。

今回の落語会に出た中国の大学生から、「おかげで日本の伝統芸能に興味を持ち始めた」、「関西のことについてもっと知りたくなった」などの声がありました。そこで、私は思いました。いま日本には、中国に興味をお持ちの方や中国語の勉強をされている方が多くいらっしゃいますが、もし中国の落語「相声」を皆さんに紹介できたら、より中国に対する興味や理解を深めていただく鍵になってくれるかもしれません。こうして笑いながら、日中両国の人々の考え方をもっと理解しあうことができれば、お互いのコミュニケーションももっとスムーズにできるようになるでしょう。

日本の大学院で日本と中国の落語の比較というテーマで勉強している留学生として、私は、今回の交流訪問をきっかけに、両国の教育界や文化界における交流がますます盛んになり、両国の人々の心の触れ合いができる機会が、これからもどんどん増えていく時代になることを心から祈ります。

■茗香薫煙が生まれた—初めて落語ポスターを作って—

北京大学光華管理学院二年生、北京大学中日交流協会　李可心《リカシン》

落語のポスター作りを頼まれ、茫然としました。落語って？名前だけは知っていますが、直接、鑑賞したことはありません。日本文化をたくさん勉強したと自慢していましたが、知っていたのは現代文化のものばかりだと、この時、そう気づきました。

北京大学中日交流協会の会長から「非常にかっこいいおじさんだよ」と冗談半分に言われました。桂小米朝師匠の落語関連資料を開けてみると、まず目に入ったのは桂小米朝師匠の写真。思わずぷっと笑い出し、写真は確かにかっこよかったが、なによりも伝統文化の香り、親しみを強く感じたのです。そのとき中国の伝統「相声」や「評書」の芸能人を思い出し、また北京の最も古い茶館や、白磁青模様の茶碗などを連想しました。落語の素朴な趣きには中国の伝統文化と何か通じるものがあると感じました。

こうして落語への好奇心がおのずと湧いてきました。インターネットで落語を検索したことで、落語への理解も深まっていきました。高座での一人演芸、ユーモアたっぷり、これは中国の「単口相声」と共通点が多く、ござの上に座布団、小さいテーブルの前での芸は中国の「評書」とも似ています。検索で、日本の関根黙庵著

の『江戸の落語』に辿り着きました。作家の周作人氏の翻訳ですが、「一碗白湯，一柄折扇，三寸舌根軽動」（周作人氏は香根と訳しているが、私はもっと分かりやすく「舌根」を使った）。この最初の三句は、大道具小道具もなしに口頭でちょっとした動きという落語のエキスを、短い形で十分に表現しています。「則種種世態人情，入耳触目，感興覚快」、この三句は、ネタは庶民の日常生活での直接の喜怒哀楽、観衆の最高の楽しみを表しており、素晴らしい文字の力です。最後の一句「落語之力誠可与浴后之茗香薫烟等也」（周作人氏の「名香」を、私は「茗香」とした）は、大喜大悲の震撼の力はありませんが、入浴後のさっぱりした香り、タバコの味のようなものを与えてくれるという「気持ちが最高にいい」の表現でまとめられています。

じゃ、これにしましょう。一気に二種類のポスターを作りました。そのうちの一種類は周作人氏の翻訳をそのまま使いました。一つのイベントに二種類のポスターを作るのも私には初めてのことです。

夕日をバックにした桜の花、さらに関根黙庵の詩（周作人氏訳）。このポスターは古めかしい。もう一枚のポスターは黒いバックと満開の白い桜の花。白と黒の組み合わせで簡潔、花の芯はほのぼのとした美を表そうとしています。

ポスターができあがり、ほっとしました。そのとき、部屋はあたかも「茗香薫烟」という香りで充満しているようでした。

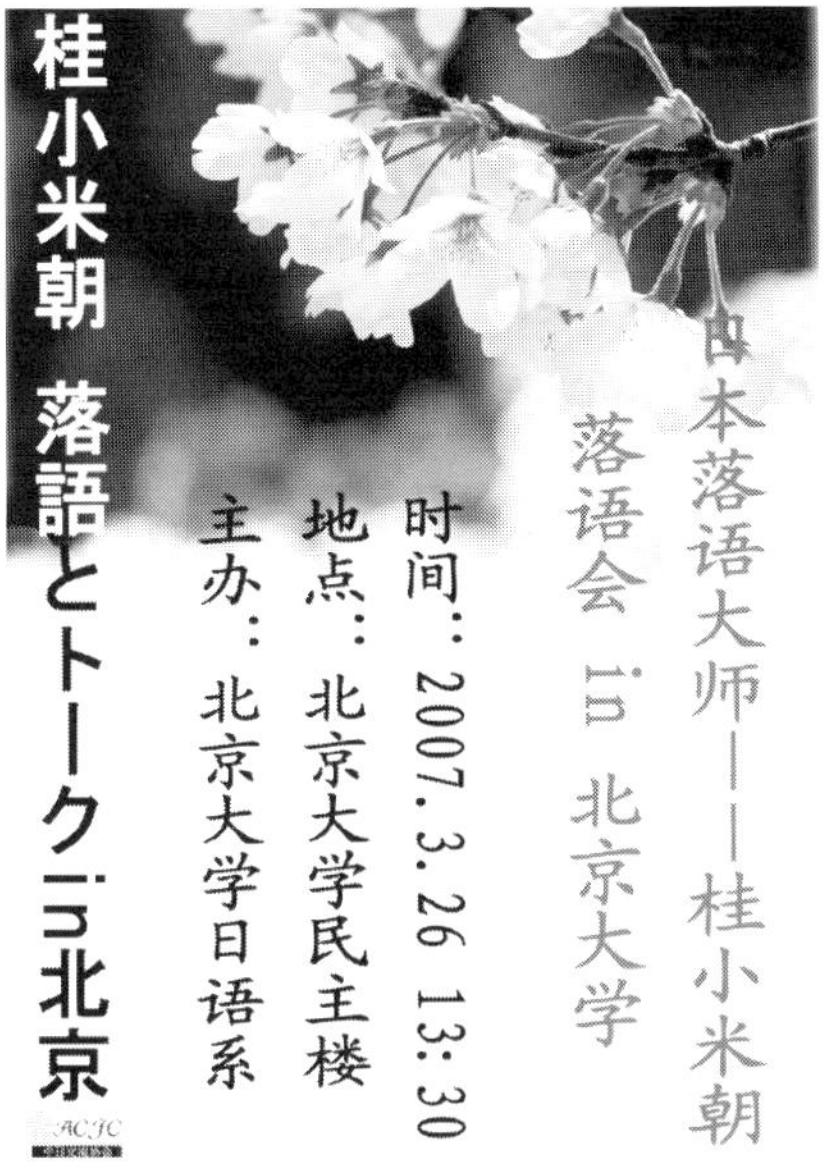
桂小米朝　落語とトークin北京
日本落语大师——桂小米朝
落语会 in 北京大学
时间：2007.3.26 13:30
地点：北京大学民主楼
主办：北京大学日语系

落語とトーク

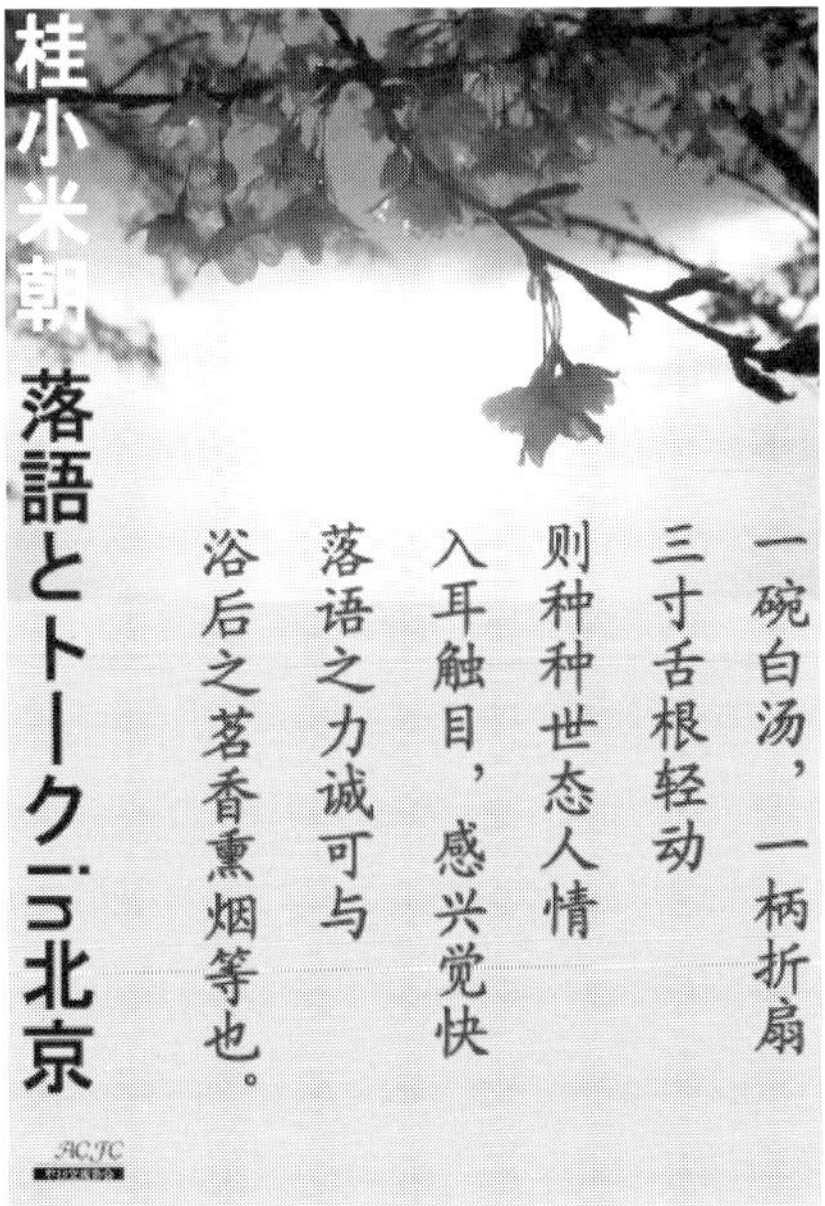
桂小米朝　落語とトークin北京
一碗白汤，一柄折扇
三寸舌根轻动
则种种世态人情
入耳触目，感兴觉快
落语之力诚可与
浴后之茗香熏烟等也。

■準備に四か月かけて—小米朝さん、ポンフェイさんとの出会い—

北京日本人会事務局長代理　許斐京子

二〇〇六年年末、帝人の北京事務所所長である辻龍久様が事務局に見え、京都外国語大学の彭飛《ポンフェイ》さんのお願いを伝えに来ました。こうして小米朝落語会の準備が始まったのです。ポンフェイさんとメールのやりとり約五十回と電話のやりとりで、「桂小米朝・落語とトークin北京」の準備に約四か月かけて、開催することとなりました。

開催の二日前に初めてポンフェイさん、小米朝さんにお会いしました。ポンフェイさんは精力的に行動され、交流団の中心となって皆様を取りまとめておられ、初めてお会いした小米朝さんは想像していたより細身のきゃしゃな感じの印象でしたが、当日の落語を咄《はな》される姿は桂小米朝師匠という風格が舞台一杯に溢れ、我々は咄《はなし》に聞き惚れ、時間の短さを悔やんだものでした。

会場には徐一平教授（北京日本学研究センター長）など、中国の方々を二十名以上お迎えしました。日本語ができる中国人VIPにも十分楽しんでいただきました。会の後、劉徳有氏（中日関係史学会名誉会長、元中国文化部副部長）からは「とても楽しかった。又このような会がありましたらぜひ参加したい」、袁暁利氏（欧美同学会留日同学会秘書長）からは「北京で本格的な落語を聞けて感激です」との感想を伺いました。これを機として、本年の「二〇〇七年日中友好三十五周年」、「二〇〇七年日中文化・スポーツ交流年」の口火が切られたと自負しています。

また会場となった中国日本大使館公邸では、大使館員の方々のご協力をいただきました。最後にこの催し物でお世話になった皆さんに、改めて御礼を申し上げたいと思います。

■天壇公園の回廊で

読売旅行阪神山手営業所所長（添乗員）　吉川敦子

世界遺産・天壇公園の祈年殿へと続く回廊には、北京のお年寄り達が二胡（中国民族楽器）を片手に午後の一時《ひととき》を過ごしていました。行き交う観光客の国籍を推測しては、観光客のお国のポピュラーな音楽を奏でていました。我々が通りかかると千昌夫の『北国の春』の演奏が始まったのです。

足を止めて暫く聴いている時でした。小米朝師匠が周囲に勧められて二胡を手に取りました。暫し老人の手ほどきを受け「ド・レ・ミ・ファ・ソ・ラ・ティ……ド〜〜」と弾くと、少々外れた音程に周囲の人々から和やかな笑いが漏れました。

黒く日焼けした老人は背筋をシャンと伸ばし、容赦なく（！）小米朝師匠に二胡の持ち方・構え方、そして中国語の発音までレクチャーしていました。初訪中の師匠も身振り手振り、中国語を交えながら二胡と中国語をレッスン。周囲には自然に人の輪ができ、二人の異文化交流を見守っていました。中国文化にすっと触れ、ご自分で体験しようとされる時の小米朝師匠の瞳は美しく、とても印象に残りました。舞台の外での師匠の素顔の魅力を垣間見た、旅の一コマでした。（関連写真29ページ）

笑いながら涙が滲む

中国歴史愛好家、大阪府富田林市在住　能勢和子

二〇〇六年十一月十二日（日）京都駅前のあるホールで、京都外国語大学の公開講座「多文化交流のための文化発信」が桂小米朝師匠と彭飛《ポンフェイ》先生を講師として開催されました。その時に、小米朝師匠は二、三の中国語を話しながら、中国へは一度も行ったことがないことや、彭先生を旅の立案者にして、「中国人には京都を、日本人には中国を紹介してもらえれば良いですね」などと話されていました。十二月三日の忘年会のときに、彭先生から三月二十四日より北京で、小米朝さんの落語会を開くことが発表されました。そろそろ一か月前だなあと思っていた矢先、二〇〇七年二月半ばに資料が送られてきて、びっくり仰天、参加者は多人数でした。

それから、日程表とニラメッコが始まったのです。赤線を引いたり、行程を頭に入れたり。

三月二十四日を迎えるまでどんな旅になるか、二十年近く中国を旅してきていますが、しかし今回は少し違うな、そんな期待を込めてドキドキしていました。

北京での落語会

北京の街を自由に歩く旅ができれば一度は行こうと思っていた北京大学に、今回、

はからずも行くことができ、嬉しい限りです。

北京大学民主楼二階の大講堂、満員の熱気。会場内の日本語を学ぶ中国人学生のみならず、北京在住の日本人にも感動の渦が伝わりそうなぐらいです。桂小米朝師匠は分かり易く言葉を選び、それに動作と表情で誘います。暖かく、優しい人柄がそのままに伝わってきます。可笑しいのですが、笑いながら涙が滲んできました。「友好」という言葉以上の、語り尽くせない一体感が凄いと思いました。

続いてその日の夕方ごろ、日本大使館大使公邸でのことです。大使公邸という場所柄、小米朝師匠の高座姿は、黒の紋付羽織袴の正装です。これも日本人として場所柄をわきまえた日本古来の伝統文化の一つです。すぐ目の前で師匠の外国での初めてのライブの落語を聴いていると、会場が笑いや和やかな優しい雰囲気に包み込まれていくようでした。手を叩きながら思わず鳥肌が立ちました。

多忙な小米朝師匠が、五日間も日を空けることの難しさ、出発の前日、そして帰国した日も仕事だと聞いています。北京での高座の体験がその折の苦労を埋め合わせて、さらにより一層の活躍に繋がるよう心より祈っています。

北京大学の未名湖

北京大学といえば、未名湖。ずいぶん昔、ＮＨＫのラジオ中国語講座で大学構内にある人造湖で、名前が付かないままに未名湖として、その存在が知られている湖を知りました。

『中国の赤い星』の著者であるアメリカ人ジャーナリストのエドガー・スノー（Edgar Parks Snow）の墓が、この未名湖の畔に建っているとのこと、また、中国共産党の重鎮・葉剣英氏による彼への顕彰碑が建っているとのことなので、この二つをどうしても見ておきたかったのです。我々に大学校内の案内をしてくれた大学院生の史曼さんに頼み、捜してもらって、見ることができたのです。短い時間の散策でしたが、静かな佇《たたず》まいと優雅な雰囲気。あのＮＨＫラジオ中国語講座の時に、自分の内に思い描いていた実物を目の前にして、もう一度来ようと誓っていました。

筆者は右から4番目
（未名湖の畔にて）

■さすがプロはすごい

大阪府立高校講師　中山典子

十五年ぶりの北京は大きく変わり、普通の〝世界の大都市〟になっていました。初めて「纏足《てんそく》」のおばあさんに巡り合った天安門広場も万里の長城も明の十三陵も相変わらず広大で、中国全土からの旅行者でごった返していましたが、人々の服装はすっかり変わり、何より街は高層ビルに、車、車、車…、輪タクも自転車も姿を消してしまっていました。

桂小米朝さんが北京大学日本語学部の学生を中心に落語をされ、大成功をおさめました。出立時、関西国際空港で自己紹介された小米朝さんはにこやかで若々しく華のある方でした。

北京大学民主楼二階の歴史を感じさせる講堂には緋毛氈《ひもうせん》に座布団（米朝事務所持参）の高座が用意され、浅黄色《あさぎいろ》の着物に黒い羽織姿の小米朝さんが演目『動物園』を始めると、学生達は笑い声を上げ、小米朝さんの一語一句、一挙一動に見事に反応、二百四十人の会場は笑いの渦。日本語を勉強中といっても外国人相手の落語に、かなりの気を遣われたことでしょう。公演直前の北京大学での昼食会（北京風ではない薄味の美味しい料理）も返上して、会場で色々準備された由。そのプロ魂に私達は感心するばかりです。

『動物園』が終わった後は質疑応答。学生達はとても積極的でした。滑らかな日本語で次々質問します。中に一人、落語大好きで沢山テープを聞いているという女子学生が落語の演目『崇徳院《すとくいん》』に話題を向けると、なんと、小米朝さんがその『崇徳院』を咄《はな》し始めたではありませんか。私達はもうびっくりしました。驚きながら『崇徳院』に引き込まれていったのです。暫く咄して「最後まで咄すと時間が無くなるのでこの辺で…」に場内は大喝采。プロとは凄《すご》い、いつでもどんな演目でもすぐに話すことができるのです。

　終わった後も小米朝さんは多数の学生達に囲まれ、きっと控室でもゆっくりできなかったに違いありません。

　興奮覚めやらぬまま、一行はバスで日本大使館大使公邸へ向かいました。重々しく扉が開けられ私達は礼儀正しく、鷹揚、それでいてスキのない物腰の人々に案内されて建物内へ。公邸内は木目を生かした落ち着いたモダンな和風のインテリアで、ゆったり広々、絨毯《じゅうたん》深々。廊下には奥村土牛、平山郁夫など大家たちの絵が架かっています。最初に案内された広い部屋には皇太子、雅子妃の写真があって「あぁー大使館だ」という思いを強くしました。その部屋は小米朝さんたちの控室となり、我々十名は別室でケーキとコーヒーをご馳走になりました。どの部屋も緑溢れる日本庭園に面し居心地良い!!

　まもなく日本人会主催の「落語会」が始まりました。玄関を入ってすぐ右のホールで、百名以上が早々と着席しています。ここでは金屏風が飾られ、紋付き羽織袴姿の小米朝さんが『元禄花見踊り』の出囃子とともに登場。今度の演目は『桃太郎』（「昔々あるところに」と昔話をしながら寝かせようとする父親に、「昔っていつ？」「あるところってどこ？」と厳しく問いただし、逆に父親に解説するしっかり者の子どもの話）です。今回も大成功裡に終わりました。質疑応答は当てられて答えるという遣り取りでしたが、とても楽しいものでした。落語への理解が非常に深まったという印象を得ました。ホント多くのことを教えてもらいました。しまいには中国の伝説や民話を取り入れた新作落語や、再度の公演要望も出て、小米朝さんはそれらを約束されて退場。次は彭飛《ポンフェイ》先生とのトークショーです。暫くは彭先生一人の話、「ことばの学者」が日中間のことばのミスコミュニケーションを分かりやすく楽しく話し、皆心当たりがあるらしく笑いながらフムフムと頷いています。

いよいよ小米朝さんの登場、今度はピシッとスーツで決めています。二人のトークショーの始まり!! 片や学者でことばの専門家。片や落語家でこちらもことばの専門家。二人の丁々発止の遣り取りに感心、感嘆、感激。見事に楽しくて面白い。小米朝さんはボケもツッコミも自由自在に彭飛先生に反応します。中国語も入ります。その頭の回転の速さ、ことばの的確さに本当に感服しました。

全てが終わって、我々四班十名は初めての大使館大使公邸訪問を記念して、写真撮影の後バスへ。暫くして小米朝さん達が乗り込みます。私達は今日の成功を讃えて大きな拍手で迎えましたが、そのうち小米朝さんの出囃子の『元禄花見踊り』を「チャーンチャヤチャン、チャヤチャヤチャヤチャヤチャーン」と手拍子とともに口吟《くちずさ》みだしました。すると小米朝さんはその声に合わせてバスの真ん中の通路を、花道を行く歌舞伎役者のごとく踊りながら進んで行ってくれるではありませんか。乗りに乗った大感激の楽しい一時でした。「小米朝さんのファンクラブに入るわ」という声も聞かれたほどです。忘れられない思い出となりました。

忘れられないことをもう一つ、それは小米朝さんの中国語の発音の素晴らしさです。北京大学でも大使館大使公邸でもスピーチには必ず中国語を挟んで皆を沸かせていましたが、その発音が「良い」と要求水準の厳しい彭先生（私の記憶にある限り今まで褒められたのは一人だけ）に褒められたぐらいです。「一度目より二度目とどんどん良くなっているよ。ここ一か所をこう直せばもっと良くなります」ということばに、彭先生の顔の筋肉の動きまでそっくり同じに練習する様子を「さすが、落語家」と楽しませてもらいました。

思うに、小米朝さんは小さい時からピアノを弾き、クラシック音楽に造詣が深く、自分で「モーツアルトの生まれ変わり」と言っているほどで、音を聞き取る「耳」の良さが中国語にもプラスに働くのでしょう。ご本人に聞くと外国どこへ行ってもその土地のことばの理解は早いそうです。「その時だけであと語学の勉強を続けないからね…」とのことですが、本当に羨ましい素晴らしい才能です。近い将来、中国語での落語も夢ではない、との思いを強くしました。

■中国の学生に囲まれ満足気な師匠の顔

和泉市老人クラブ連合会相談役　小林泰子

久し振りに万里の長城に登りました。芽吹き前の雄大な山々を眺め、感無量。以前、万里の長城に来たのは秋。「宇宙より見ゆ長城の山紅葉」という俳句を作ったことなどを思い出し、心地よい空気を一杯吸いました。

二〇〇七年三月二十六日、北京大学を訪問。まず、北京大学キャンパスの広さにびっくり。購買部も大学生の日常生活に不自由のないように薬局まであります。まるで小さいデパートに入ったようです。昼食はキャンパス内のホテルで円卓に珍品の数々。中でも蟹のお味は忘れられません。ごちそうさま!!

午後、落語会。早くから日本語学部の学生さんを中心に二百四十人ぐらい集まっていました。たまたま隣席の学生さんは一年生、四川省成都の出身、『三国志』の話をしてくれました。この夏休み、初めて日本に行く予定とか。でも今日の落語をどこまで理解できるかな、と不安そうです。桂小米朝師匠は演目『動物園』を熱演。日本人より日本語をよく知っている中国の学生に囲まれて満足気な師匠の顔。成都出身の学生も爽やかな顔をして、拍手をしていました。

北京大学を後にして日本大使館公邸へと向かいました。日本庭園を眺めながら中国風のケーキとサントリーのウーロン茶、格別に美味しかった。北京日本人会の皆

彭飛撮影▶

様も北京にいながら超一流師匠の落語を聴き、小米朝師匠と彭飛先生とのトークも楽しく聞き、どれほどよき一時であったことでしょう。

じつは北京大学に行く前に、芳草地小学校を少し訪問しました。出迎えの生徒たちに「ニーハォ」と挨拶。「おはようございます」と日本語が返ってきました。出迎えたのは、当小学校内の中国在住の日本人の子女とのこと、爆笑。いっぺんに緊張感がほぐれました。先生が可愛い女の子に、私をガードするよう指示されます。六年生なのに私より背が高くて私の手を取り、腕を組んでくれます。「私の父は中国人で、母は日本人です。食事は日本食が多いです」などと話しながら、立派な校舎に向かいます。入った教室は書道の時間、墨の香りが籠っています。さすが書の国、こんな雰囲気は忘れていました。懐かしく思いました。

子ども達の教育に情熱をかける両国の先生方のお姿をじかに拝見しました。シンポジウムで小米朝師匠の「子ども達に笑いを与えて授業に集中させるようにもっていく」とのご発言に、私も昔のお世話になった先生をしみじみ思い出す。

オリンピックをひかえ、活気あふれる北京、近くて遠い国、よく似た文化・違った文化、きめ細かく交流のできた旅でした。

老吾老以及人
之老；幼吾幼
以及人之幼。
学而不思则罔
思而不学则殆
敏而好学，
不耻下问。

凧上がる天安門の青き空

元和泉市連合婦人会会長　中塚恵美

北京の歴史の古さもさることながら、その歴史の雄大さに、緻密さに、唯々唖然とするばかりです。またオリンピックへの取り組みの規模も、想像を絶するばかりです。桂小米朝さんや学識の先生方と同行でき、驚きの連続の旅でした。

落語聞く　大使館へと春袷《あわせ》
燕翔《か》く北京市街の十車線
うららかや八達嶺へロープウェイ
迎春花オリンピックのグッズ買い
行きゆきて天壇公園風光る
春宵や故宮の庭の鶴と亀
春曲芸自転車一に十五人
凧上がる　天安門の青き空

第三節　北京大学の学生、北京日本人会のご感想……………………

「日本語教育新聞」で大きく報道されました。

『日本語教育新聞』で、「桂小米朝・落語とトークin北京」の見出しで特集を組み、大きく報道されました（次頁写真参照）。小島明様による懸命の取材です。特集では、桂小米朝師匠の落語を聴いた北京大学日本言語文化学部で学ぶ学部生、大学院生からの感想文を載せています。いずれも落語の面白さを理解し、今後さらに落語や関西弁について学んで行こうという姿勢がうかがえます。「日本語教育新聞社」の編集部のご配慮で、学生の感想文四本を抜粋の形で転載させていただきます。

【学生の感想文は、いずれも日本語教育新聞　第三十九号（二〇〇七年五月一日発行）より転載　http://www.nihongo-news.com】

(5)　第39号　上方落語　平成19年（2007年）5月1日　日本語教育新聞

桂小米朝 落語とトーク in 北京

上方落語通じた！

中国の大学で 初公演に定員超す"入り"

爆笑の連続

北京大学で三月二十六日、「桂小米朝 落語とトーク・イン・北京」が開かれ、日本語を学ぶ北京大学と北京外国語大学の学生ら二百四十人が、落語家桂小米朝さんの上方落語とトークの二時間を楽しんだ。

この企画は京都外国語大学彭飛（ポン・フェイ）教授が小米朝さんとともに進めたもので、中国の大学で上方落語が演じられたのは初めてという。

受け入れ側の北京大学でも学生がポスターを作り、他の大学にも呼び掛けを行い、会場の講堂は定員二百人を上回る二百四十四人が詰め掛けた。落語では始めから爆笑の連続で、「私にとってよい経験になった。日本での落語以上に笑ってもらったので、うれしい限り」と、小米朝さんは演者としての喜びを語っていた。

（通信員・小島明）

小米朝さん語る

質高い日本語教育

微妙なことばも正確に発音

必要な伝え手の努力

ちょっとした工夫で楽しく

会場で学生たちの中に入り交流する小米朝さん

（北京大学翁川幸司先生撮影）

「関西弁も教えて」

トークショー 日本語教育へ提案

北京大学生が他大学にも呼び掛けるために作った「桂小米朝 落語とトーク・イン・北京」のポスターを見る小米朝さん。

（彭飛教授撮影、北京大学）

北京大生が感想

「落語」も「関西弁」も学びたい

関西弁も勉強 いずれ落語も

強いインパクト もっと学びたい

通訳した院生の感想

今回小米朝さんの通訳として、２人の中国女性大学院生が同行しました。この方々からも感想を頂きました。

日中交流の新ルート開く　苗チュン（ミョウ・チュン）

京都外国語大学大学院　博士後期課程２年

日本語専攻異言語文化領域

今回特に印象に残ったのは、質問に立った学外の女性大学院生とのやりとりです。本人から「きょうは授業をサボって来た」と発言があり、会場に同感と納得の笑い声が響きました。小米朝さんはすぐ「ありがとうございます」と言い、拍手と歓声の渦を引き起こしました。

質問者は何人かの噺家の名前やその代表作をすらすら言い、さらに師匠に『崇徳院』を話してほしいとリクエストしました。若い院生の日本の伝統芸能についての詳しさに感心しました。

しかし、もっと感心させられたのは、師匠が即座に『崇徳院』のお話を始めたことです。『動物園』より難しい演目でしたが、学生たちは話に引きつけられたようで、途中で切り上げられたときには、みんな残念そうな表情でした。

公演が終わってからも、学生たちは小米朝さんの所に来て、自分の感想を話したり、サインをしてもらったり、記念写真を撮ったりして、楽しい授業でも受けていたような笑顔でした。

今回の盛況から分かったことは、中国で日本語を勉強している学生は、ポップソングや漫画だけではなく、日本の伝統的な文化芸能にも興味を持ち、さまざまな領域の知識を吸収しようとしているということです。

今回の公演は、中国の若者に、「話藝の芸術、落語」を通じて、日中間の文化的交流の新しいルートを開き、互いに心の触れ合いをする機会を作り出す、有意義な試みになったと思います。

心に残った種 大事に育てたい　史曼（シ・マン）

北京大学日本語学部　大学院１年

今回、私は初めて落語というものに触れた。小米朝さんの落語が作り出した会場全体の独特な雰囲気を表現すれば、それは「面白く、かつ感動」という言葉になる。

小米朝さんの落語「動物園」の内容はとても簡潔であるが、その内容の面白さと、小米朝さんの身ぶり、手ぶり、そして本当に感情がこもった表情に涙が出るほど笑う学生もいて、会場は絶えず笑いに包まれていた。

そして、私は言葉を使って人に笑いをもたらし、言葉自身の魅力とともに、短い時間で会場全体をアットホームな雰囲気へと作り変えた小米朝さん自身の魅力に感動した。

一番印象に残ったのは、やはり、小米朝さんと学生の間に一体感が生まれたことである。言葉の壁を言葉で破るということは小米朝さんならではの経験と、その一身をかけた努力があってこそだと思った。

今回、小米朝さんの落語を通して私たちはより一層日本語が持つ魅力に興味を抱くようになり、「小米朝さんに落語を教えてほしい」という学生もいた。落語を通して、日本語への理解が深まり、そしてそれが日本文化、日本の理解へとつながるのでしょう。小米朝さんが私たちの心に残した日本への理解の種を大事に育てていきたいと思う。

■ことばの壁をことばで破る努力

北京大学日本語学部大学院生　史《シ》　曼《マン》

小米朝さんの落語が作り出した会場全体の独特な雰囲気を表現すれば、それは「面白く、かつ感動」ということばになります。『動物園』の内容の面白さと、小米朝さんの身振り、手振り、そして本当に感情がこもった表情に涙が出るほど笑う学生もいて、会場は絶えず笑いに包まれていました。

私はことばを使って人に笑いをもたらし、ことば自身の魅力とともに、短い時間で会場全体をアットホームな雰囲気へと作り変えた小米朝さん自身の魅力に感動しました。一番印象に残ったのは、やはり、小米朝さんと学生の間に一体感が生まれたことです。ことばの壁をことばで破るということは小米朝さんならではの経験と、その一身をかけた努力があってこそだと思います。

今回、小米朝さんの落語を通して私たちはより一層日本語が持つ魅力に興味を抱くようになり、「小米朝さんに落語を教えてほしい」という学生もいました。落語を通して、日本語への理解が深まり、そしてそれが日本文化、日本の理解へとつながるのでしょう。小米朝さんが私達の心に残した、日本への理解の種を大事に育てていきたいと思います。

■関西弁も勉強　いずれ落語も

北京大学日本語学部　于《ウ》弘洋《コウヨウ》

落語は「しゃべって笑わせる芸」で日本人にも難しいことばがあると言われていますが、今回は、師匠が豊かな表情やしぐさも加え、分かりやすく語ってくださいました。

師匠は、私たちの質問にもきちんと答えてくださいました。その中で一番印象深かったのは、どうやって話すスピードを速めるかという質問に対して、「ゆっくりしゃべっても息を切らずにずっと話を続ければ速く聞こえる」というコツを教えてくださったことです。

私はこの落語会を通じて、落語に対する基本知識を得たばかりでなく、落語がもっと分かるように、関西弁も勉強したいと思います。そしていずれ自分でも落語ができるように、落語を勉強したいと思います。それは日本語の勉強にも大きく役立つのではないかと思います。

すてきな落語は将来の懸け橋に

北京大学日本語学部　赫《カク》　楊《ヨウ》

日本の伝統文化といえば、茶道や花道などです。しかし、今回、小米朝師匠の素晴らしい演技を拝見して、日本の落語がとても素敵だなあと感じるようになりました。今回は、「大阪弁だと私は聞き取れないかな」という心配もありました。でも、実際に聞いたら、それは余計な心配だと分かりました。二百人を超す会場には大笑いがずっと溢れていました。師匠の演技が本当にうまいからだと思います。

私は子どものときから、日本文化に興味を持っています。最初は漫画とアニメ、次は『源氏物語』のような文学、そして、茶道と着物。好きな気持ちは成長につれて、どんどん増えてきました。今回落語という新しい世界を覗いて、宝物を発見したような気がします。

私は、日本語の勉強を始めてもう一年半経ちましたが、まだはやく話すことはできないので、悩んでいるところです。でも将来、日中の架け橋として、必ず日中友好に何か役に立つと信じています。

■強いインパクト　もっと学びたい

北京大学日本語学部　鄭若曦《ティジャクギ》

落語鑑賞は今回が初めてでした。ですから、小米朝先生の落し話にちゃんとついていけるか、あまり自信がなかったのです。

しかし、いったん先生が話し出したらほっとしました。確かに先生は終始関西弁で話していましたが、案外聴きやすかったです。

なぜ今度の落語鑑賞でほとんどの内容が聴き取れるようになったのだろうか、と考えてみました。それは恐らく、先生がずっと演目『動物園』という一つのストーリーに絞って話を進めているのと、落語をしている間はしきりに身振り手振りを使ったり、体の向きや口調を変えたりしていることにあると思います。落語はあくまでも一人で進行する芸なので、パフォーマンスも常に誇張されて表現しているのだと思います。そのおかげで耳に入りやすく、強いインパクトを受けたのかもしれません。

内容はとっても面白くて、聞きながら何度も吹き出しました。

しかし、やはり分かりにくい部分がありました。それは、小米朝先生が最初にウォーミングアップとしてやったとても短い落語（＝編集部注）です。

「そうそうそう」とか「へー」とか相槌を打つことが落ちとなっているそうですが、

その時はなかなか理解できず、爆笑したくてもできませんでした。できたら、このような所について先生にもっと教わりたい。

▽　▽

『日本語教育新聞』編集部注＝小米朝さんに確認したところ、これは落語ではなく「一口小咄《こばなし》」でことばの洒落。「隣の家に囲いができたね」「へー（塀）」。「ハトが何か落として行ったぜ」「ふーん（糞）」。「何描いてんの」「えー？（絵）」。

当日はこうしたことばの遊びを紹介していって最後にこんな話を出されました。

「向こうからお寺の坊さんが来たよ」「そう（僧）」。「坊さんが二人来たよ」「そうそう」。「三人歩いてきたよ」「そうそうそう」。「二十五人歩いてきたよ」…。ここで爆笑となる、というものです。

■間がすばらしい

北京日本人会（日本観光振興機構　北京事務所所長）　井久保敏信

筆者は落語が好きですが、専らテレビ専門で寄席まで出向いたことはありません。関西落語の重鎮、桂米朝さんが人間国宝に指定されていることぐらいは知っていたものの、御子息の小米朝さんの落語を聞くのは初めてのことです。

最近テレビで若手の落語家の咄《はなし》を聞いても大して面白いと思える人がいなかったので、正直に言うと今回もそれほど期待していたわけではなかったのです。

しかし、小米朝さんの咄が始まるとすぐに惹き込まれてしまいました。演目の『桃太郎』に入る前のマクラ部分からあちこちで笑いの渦が巻き起こりました。表情が豊かなこともその一因でしょうが、何と言っても間が素晴らしい。お客様の反応を確かめながら咄を次々に展開していきます。（後で伺うと、当日の演目も客層を見ながらその場で決めたとのこと。）久しく人前で声を上げて笑ったことがなかったような気がしますが、この日だけは別。最初から最後まで心地良い気分のまま、笑顔が途切れることがなかったのです。

残念なのは、時間が短く、たっぷりとお咄を聴くことができなかったことで、日本に帰ったら、今度は寄席でゆっくりと聴かせてもらいたいと思いながら帰途につきました。

■一瞬で空気読み「桃太郎」

北京日本人会文化委員会委員（主婦）　古川純子

北京で小米朝師匠の落語が聴けるとは…。約四年前、東京・よみうりホールの「東西落語研鑽会」で、華のある高座姿にすっかり魅了されました。この北京で、しかもその時よりずっと近い距離で師匠の話が聴くことができるとは夢のようです!!今か今かと、心待ちにしていました。

当日、日本人会関係者として師匠のご到着時や、控え室でのお姿を遠くから拝見することができました。北京大学での長時間の講演、そして長時間の移動にもかかわらず、出迎えの人たちには明るい笑顔を見せられ、その場がぱっと華やぎました。また、控え室で一人ですごされている時は、ぴりぴりしていないものの静かな緊張感が漂い、普段高座やテレビなどでは見ることのできないお姿を垣間見ることができました。

いよいよ会場に師匠が黒紋付姿で登場し、高座に上がり、挨拶をされ、話を始めるまでの一瞬の張りつめた空気。師匠は今日のお客さんの気持ちを確かめようとし、私たち聴衆は師匠からの最初の一言にぐっと集中しました。それが、師匠の笑顔でぱっとはじけた瞬間、「うわぁ、これが生の落語だなあ」と本当に嬉しい気持ちになりました。

『桃太郎』を演じられた後、師匠は颯爽としたスーツ姿で再登場。

開口一番、「今日は『子ほめ』にしようかと思ったのですが、お客さんの顔を見て変更しました」とそのさわりを演じられました。「ああ、このまま最後まで聞かせてください！」と思ったのですが、時間の関係上そういうわけにもいかず……いくつかのネタを準備していて、一瞬の空気でその中の「これ！」というネタを選んで演じる。お客さんの反応を見つつ、あの手この手で話を盛り上げていく。落語の奥深さ・面白さ・難しさを、師匠の高座、そしてトークショーからひしひしと感じました。

今回参加した私の友人の間からも「今まで落語を聴いたことがなく、こんなに面白いものだとは知らなかった」という感想が多く聞かれました。私は「生の落語」への渇望感が募るばかり。日本で、上方落語らしい、明るく華やかな師匠の落語をたっぷり聴くのが今の夢です。

［第2章］小学校算数授業交流 in 北京

第一節　日本人教師の工夫した授業は北京の小学生を楽しませたのか

■写真で見る北京、北京の小学校

有限会社カヤ社長　平井良信
カメラ助手、京都嵯峨芸術大学　佐野一郎

北京市国際芸術学校

第一節　日本人教師の工夫した授業は北京の小学生を楽しませたのか

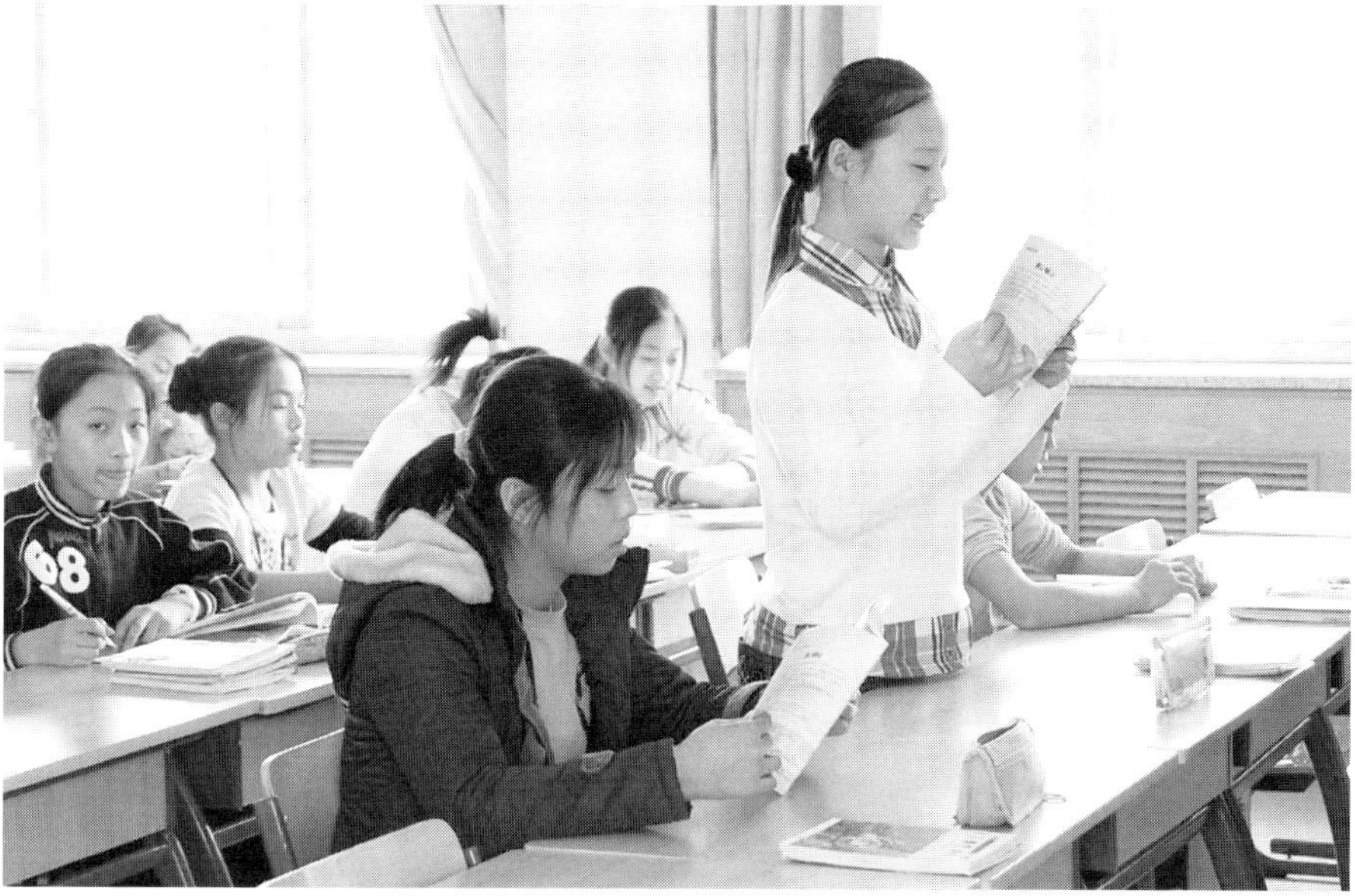

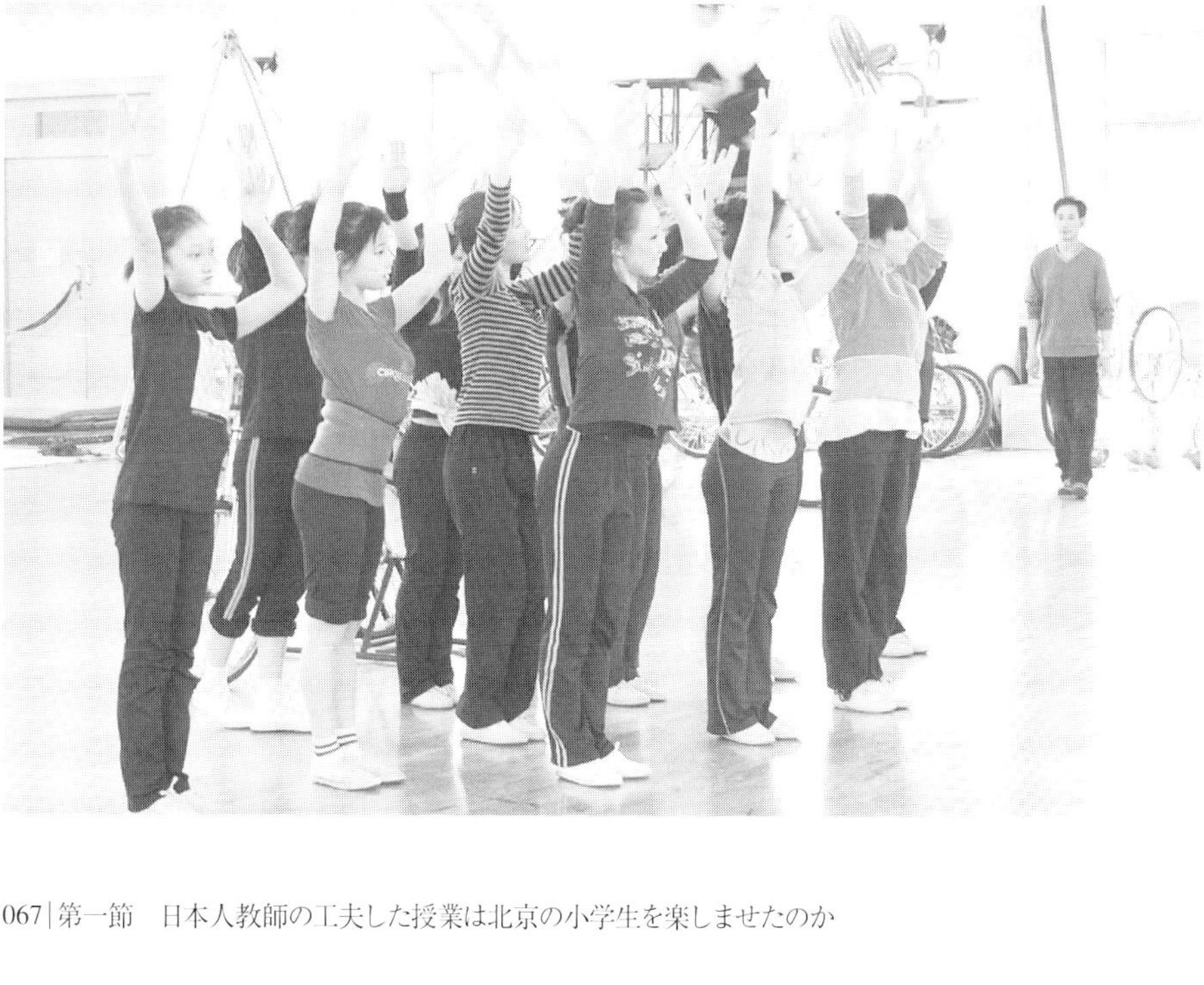

第一節　日本人教師の工夫した授業は北京の小学生を楽しませたのか

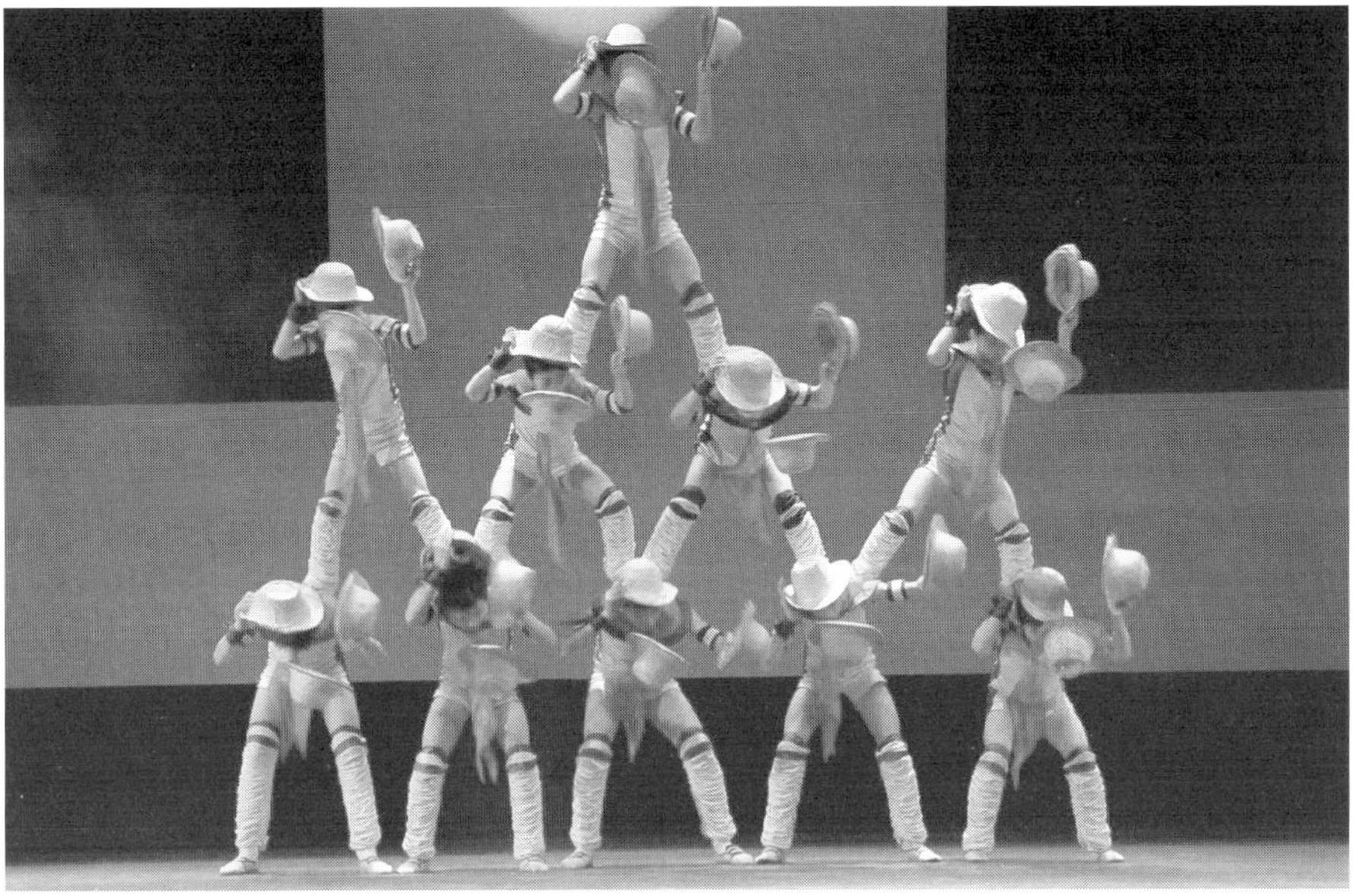

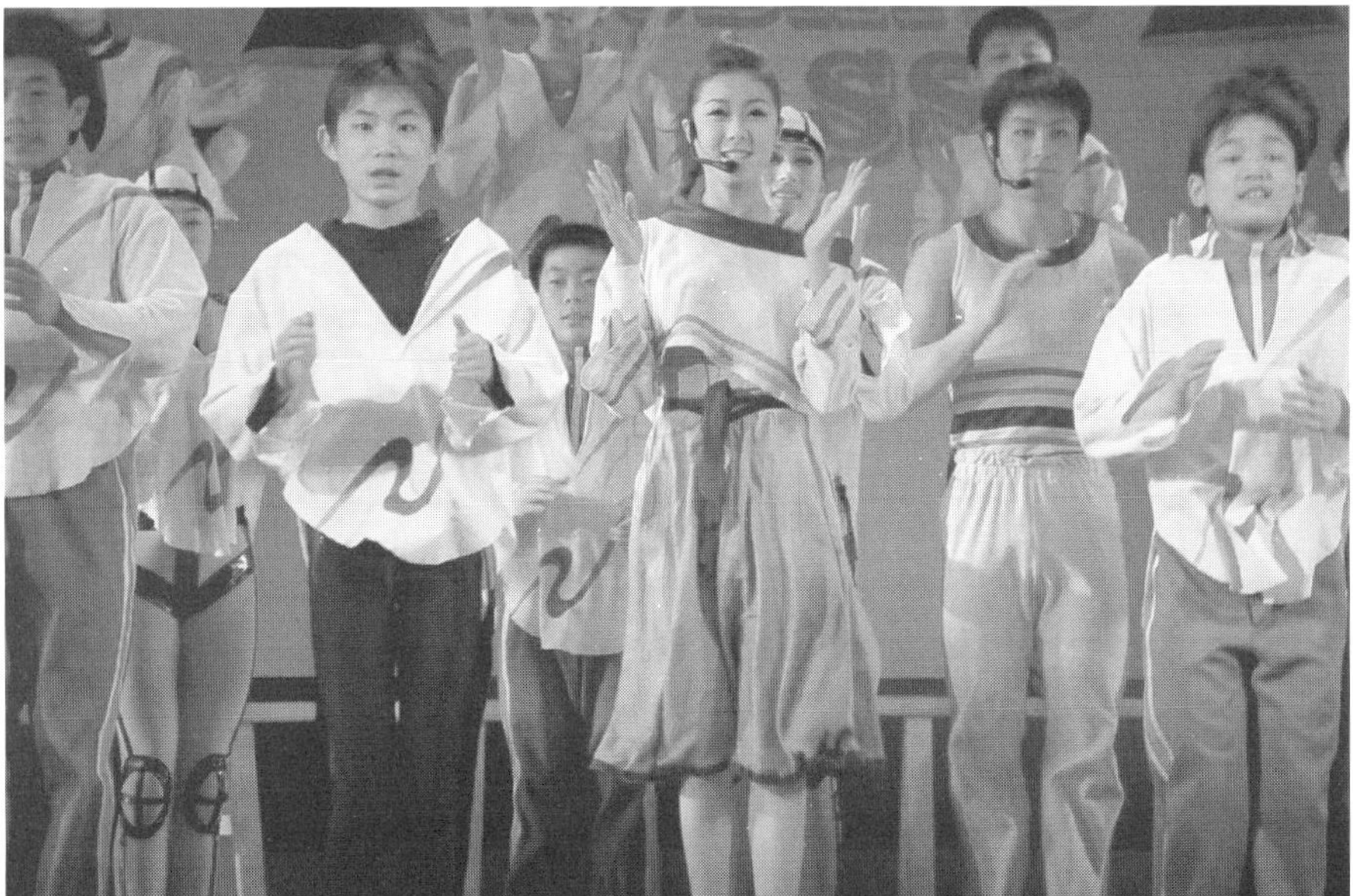

北京市芳草地小学校

第一節　日本人教師の工夫した授業は北京の小学生を楽しませたのか

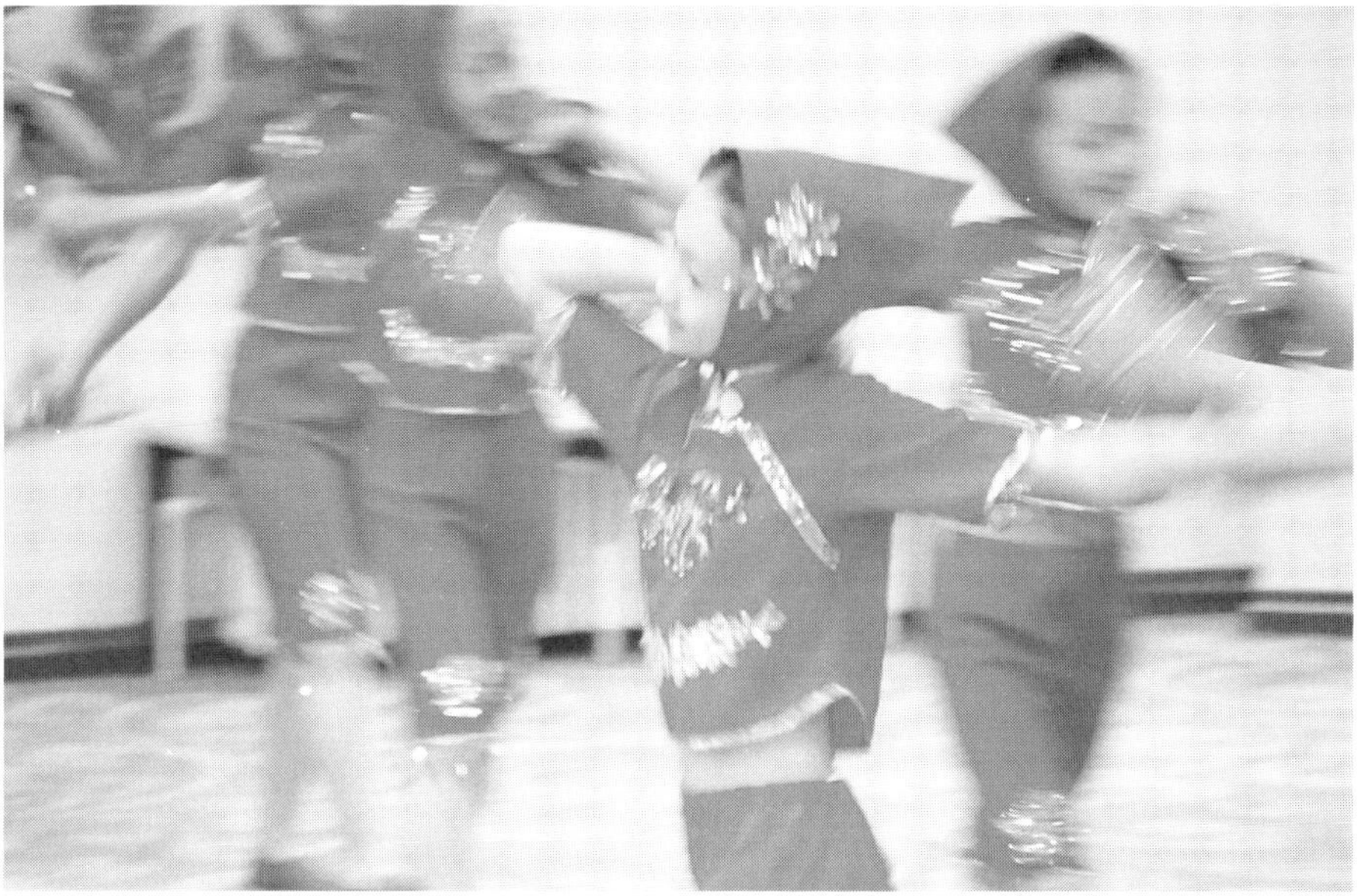

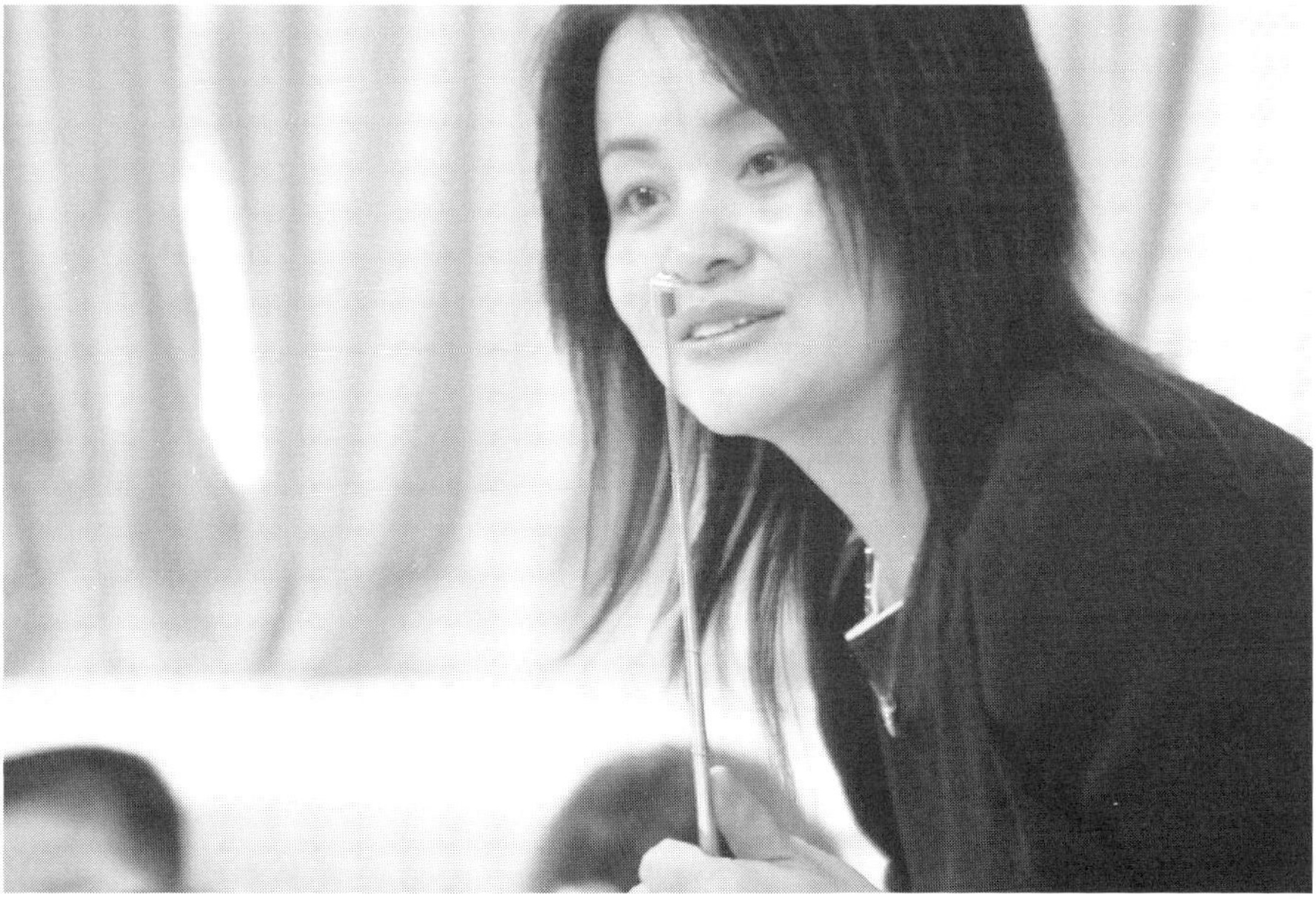

北京市昌平区昌盛園小学校

第一節　日本人教師の工夫した授業は北京の小学生を楽しませたのか

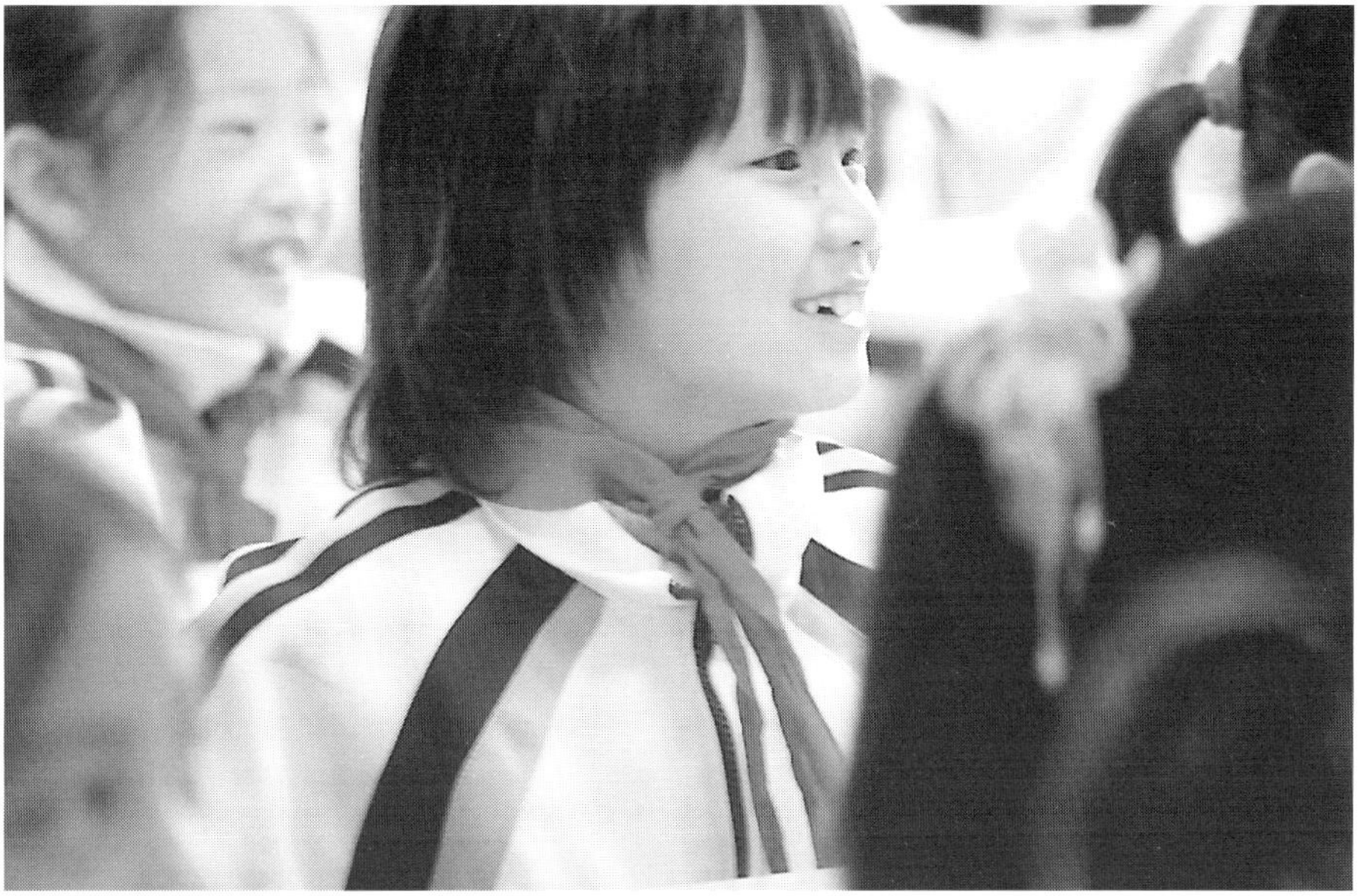

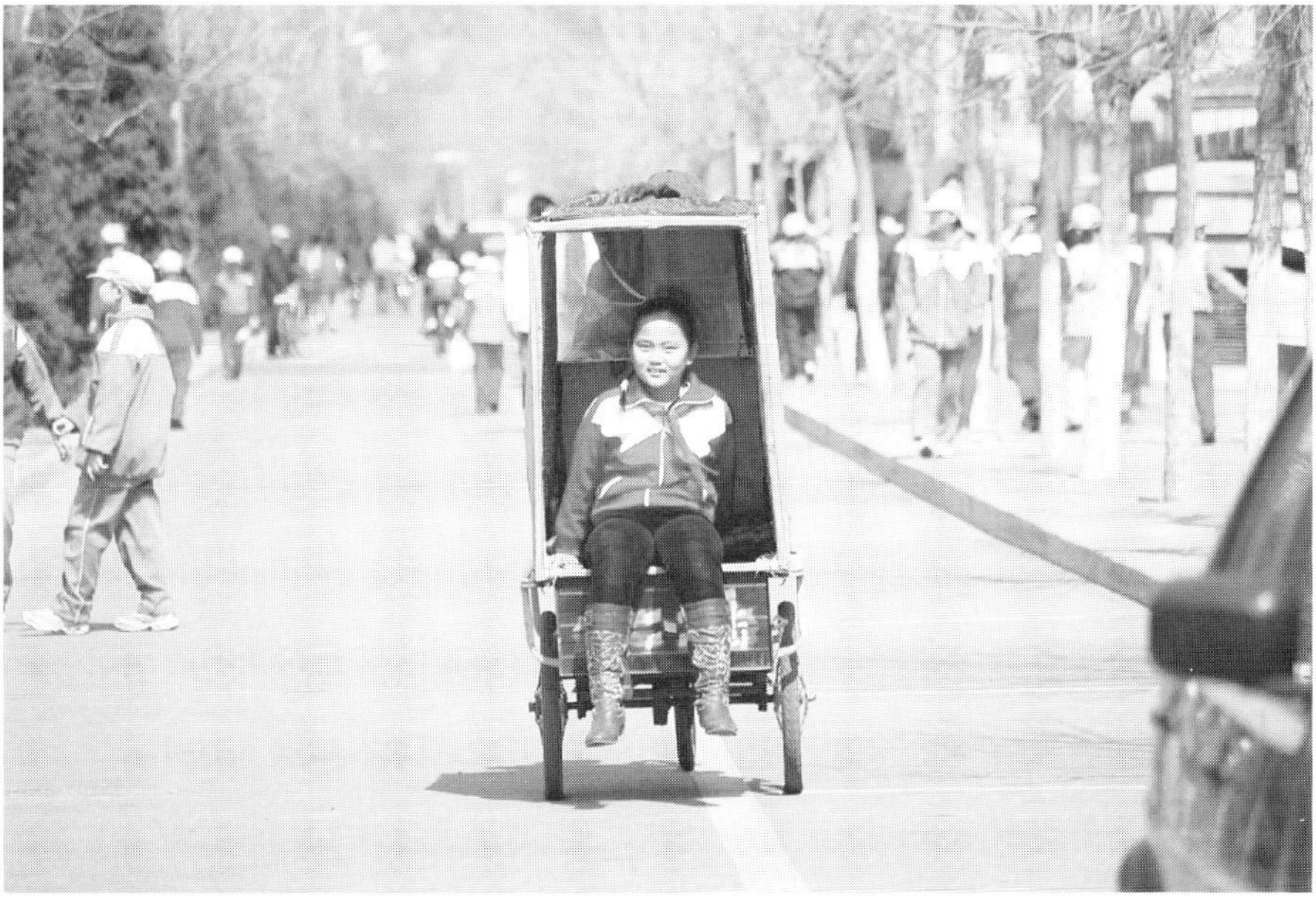

北京外国語大学附属外国語学校

第一節　日本人教師の工夫した授業は北京の小学生を楽しませたのか

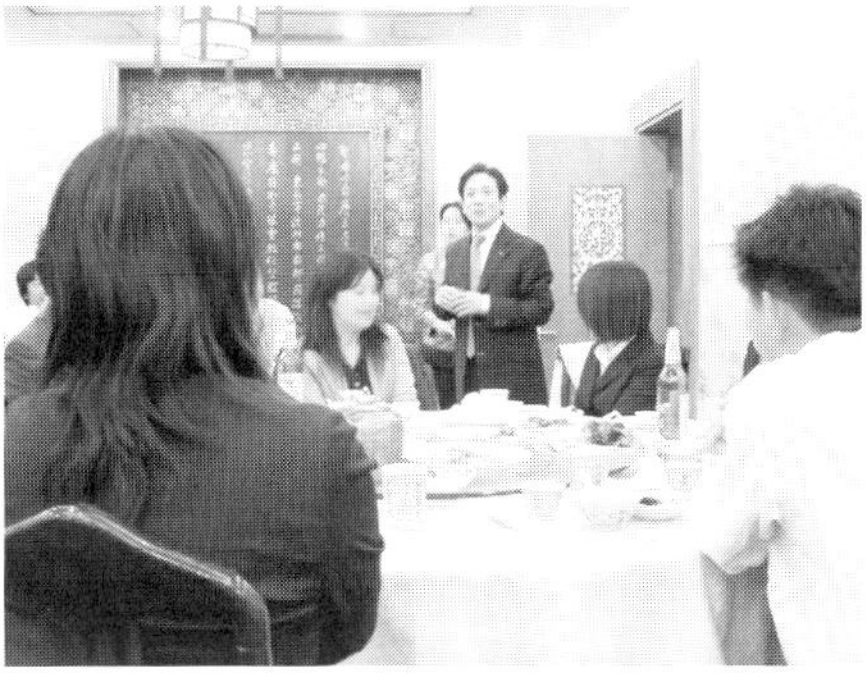

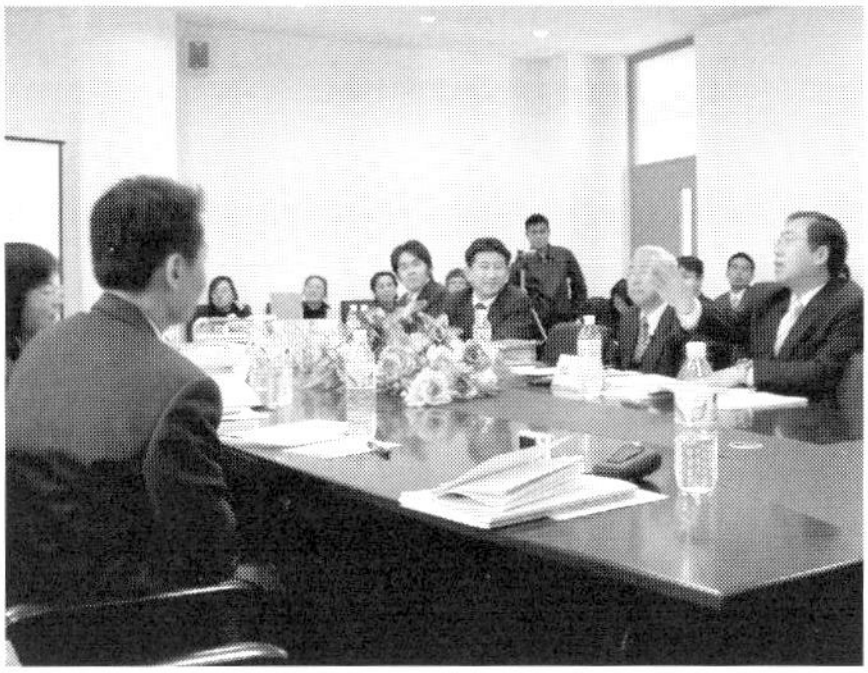

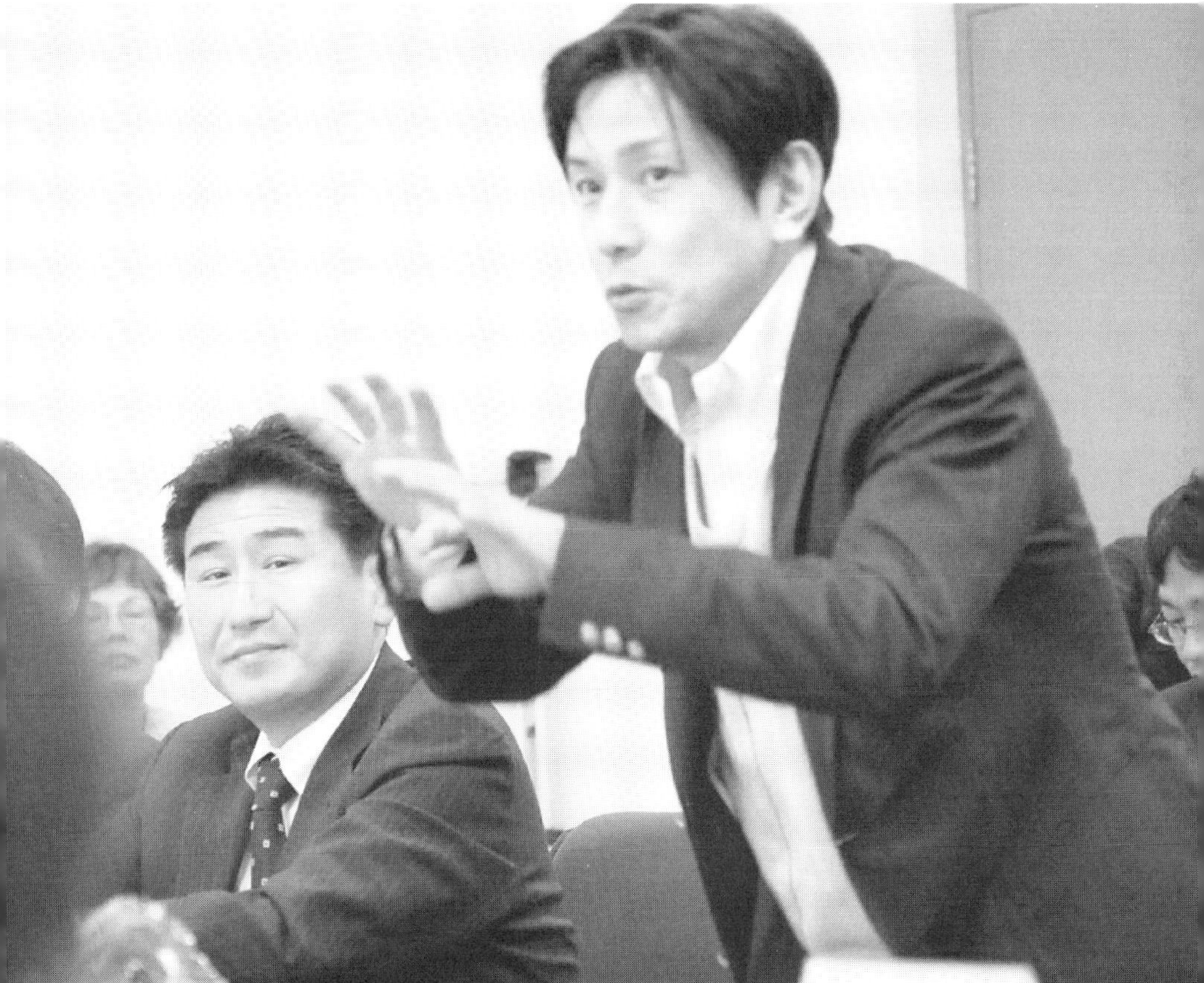

■相互切磋　共同提高

秋田大学教育文化学部教授（数学教育）　杜《ト》　威《イ》

中国語の「相互切磋、共同提高」は日本語の「切磋琢磨、共に向上」の意味です。二〇〇七年三月二十四日からの五日間、縁があって第二回「日本朋友数学教学考察団」と一緒に中国北京を訪れました。行き来を含めて僅か五日間、万里の長城や十三陵、天安門や故宮そして天壇公園などの見学の傍ら、小学校四校及び北京教育科学研究院との研究交流をまる二日間行い、かなりの強行軍でした。でも実り豊かな旅でした。

これまで教育視察のため海外に出掛けていく度、先方の授業や学校経営などを見せていただいたり、両方の算数・数学教育についての話し合い（研究交流）を行ったりするのが常套でした。しかし、今回は、両方の授業の公開からという斬新な形でスタートし、お互いの手の内を見せ合ってからシンポジウムに移りました。私にはまったく初めての経験でしたが、日中両方の関係者の多大な努力によって、緊張の連続でありながら和やかな雰囲気の中で成功裡に終わりました。

授業を見せ合う活動を取り入れることの良さは、学習指導のスタイルや教室文化及び教授技術の交流ができると同時に、後半予定の研究交流により具体的な話題を提供し、その交流がより的を射た形で行われる保証を与えることです。

昌盛園小学校での佐藤学先生の授業風景

日本の授業研究が世界中で注目されています（湊三郎訳『日本の算数・数学教育に学べ—米国が注目するjugyou kenkyuu』教育出版二〇〇二参照）。中国の集団による教材研究（杜威「中国の教育現場における数学科の教材研究活動について」「算数・数学教育における創造性の育成に関する内容や指導法の国際比較研究」（研究成果報告書）、国立教育政策研究所二〇〇七参照）に興味をもつものが増えてきています。「その後に大きくつながっている」という意味では両方が同じであります。正に「三人寄れば文殊の知恵」であります。しかし、前者の日本の授業研究が主に終わった授業に関して行われるのに対して、後者の中国の集団による教材研究は主にこれからの授業に対して行われます。特に日課（毎日という意味ではありません）とするか否かで効果がかなり異なります。日中それぞれのよいところを吸収しあって、われわれの日常の授業をより効果的に行いたいというのは皆さんの願望であり、今回の大きな成果ではありませんか。これこそ「相互切磋、共同提高」であります。

関係者の皆様、ありがとうございました！

一点に集中している子どもたちの目線

北京外国語大学附属外国語学校にて

相互切磋、共同提高＝切磋琢磨、共に向上

■情熱、信念、そして家庭の力

――北京で小学校算数の国際交流を――

大阪教育大学附属池田小学校　佐藤学

一．雑技学校の見学（二〇〇七年三月二十四日　土曜日）

中国へ算数の授業を視察に。一昨年前の上海に続く、第二弾は中国の首都・北京市。土曜日出発ということから、この土日は観光・見学が中心です。

まずは、第一日目。関西国際空港から空路北京に到着。雑技学校を訪問し、雑技の練習を見学することができました。ちょうど、自転車による曲芸の練習です。柔らかなメロディーを背景に、二人組、三人組…立ったり、逆立ちしたり、…と様々な技に挑戦していきます。それぞれの技に興味を持ったのもあったが、何よりも、彼女達の純粋、ひたむきに練習する姿に感動しました。瞳は瞬き一つありません。技を決めるため、一点に集中しているのです。このような、自分が大切にしたい世界に打ち込む姿を、私たち日本人は、どこかに置いてきたように思いました。

大切にしたいものを守ることは、容易なことではありません。これだけの技をやり遂げるための気持ちは、単なる好きでは持続しません。技を成し得るためには、ことばに尽くせない程の厳しい練習が必ずあります。清楚さ、可憐さの陰に隠れた、少女たちの情熱や信念といったものが見えてくると、涙が溢れてきました。

翻り、自らの授業は？

子ども達の知的に健やかな学びを築くため、授業に対し、

・情熱は？

・信念は？

自戒の思いを持ちました。

二．天壇の「数」（二〇〇七年三月二十五日　日曜日）

中国視察旅行二日目。

「明の十三陵」「万里の長城」「天壇」と、史跡見学を行いました。その多くは、世界史の知識を刺激してくれます。しかし、算数の心をくすぐってくれる場面もいくつかありました。

皇帝は、自らの父は天、自らは天の子ども（天子）と考えたそうです。天壇は、その意味で、父（天）を祀る唯一の寺。それは、建築物の様々なところに使われている数からも伺うことができます。

たとえば、祈年殿へ上がる階段は、どれも九段です。九。これは、皇帝の数。奇数一、三、五、七、九のうち、最も大きい数だからです。（一一、一三、…とさらに大きい奇数もあるが、一の位がもとに戻るということで、九が一番大きいことになるそうです。）

屋根の瓦の数、床に敷き詰められている石板の数、…多くが、九の倍数になって

いました。また、三段の欄干の間の総和は、三百六十。全世界を視野にし、手中に収めようということでしょうか。

子どもに戻った気分で、皇帝のこだわった「数さがし」にいそしみました。

数にこだわるとは、数に意味を求めること。私たちを取り巻く、一つ一つの数が、その存在の意味を持っているのでしょう。私たちは、どれだけ、それらの意味に考えを巡らすことができるのでしょうか。数という宇宙観の壮大さを感じました。

三. 授業観の中日比較　（二〇〇七年三月二六日　月曜日）

いよいよ今日から、算数授業の交流が始まります。

今日訪問するのは、午前は芳草地小学校。午後は北京大学附属小学校。

芳草地小学校に到着するやいなや、「こんにちは」と日本語の歓迎を受けました。日本語を練習してくれたのだろうと思っていたら、「彼らは日本人の子ども達ですよ」と話しかけられました。聞けば、国際部という編成があり、日本以外にも様々な国の子ども達が学んでいるそうです。芳草地小学校は、インターナショナルな学校でした。実際、渡辺信行先生が授業したクラスは、日本人の子どももいましたし、イギリス人の子どももいました。

午前のプログラムは、次のとおり行いました。

① 日本側・・四年生「面積の比較」（河内尚和先生・関忠和先生）

中国側‥二年生「垂直と平行」（王薏先生）
日本側‥一年生「円」（渡辺信行先生）
中国側‥六年生「円柱の表面積」（辛士紅先生）

②

前回、上海での視察で感じた「テンポのよさ」「場面展開の多彩さ」は、今回も同じで、子ども達の関心や意欲を損なうことのない見事な展開でした。それに加えて、今回は、中国授業に「数学」を感じました。これは、王先生の授業「垂直と平行」に色濃く見ることができます。

例えば、二つの直線を「相交（交わる）」「不相交（交わらない）」の観点で検討する際、それぞれの直線を延長させてみる点がそれです。子どもの方から簡単にその検討方法は表出されたのです。授業後、王先生にそのあたりのところを尋ねてみると、「前時に直線はどこまでも真っ直ぐに伸びる線」として学習しており、既習事項として自然に考えることができた」とのこと。

日本の場合、「直線（三年）」と「垂直と平行（五年）」の学習時期を同学年に近接させていないことにも一因はありますが、延長線を引くアイディアは子どもの日常的な経験から思いつくことができるよ

う、導入場面から「街路」にするなど日常生活との関連性を意識した授業作りをするようにしています。

中国の授業は、その導入も、これから扱う二つの直線を「平面上」と条件を確定してから始めます。まさに、数学的な展開です。今回、同行してくださった杜威先生（秋田大学）からは、「中国数学はロシアの影響を受けている」と伺いました。黒表紙の教科書から、計算だけでなく、図形や量と測定をも加えて、初等数学の道を歩み始めても、「算数」という名称を決して「数学」としなかった、日本の算数に対する考え方との違いを見たように思います。

久々に見る渡辺先生の授業は、一年生でも円の性質をとらえることを明らかにするものでした。本来は、パソコン機器を活用し、その性質をビジュアルに検討したかったところでしょう。如何せん事情の分からない外国の学校での飛び込み授業。その準備に時間を割くことのできないもどかしさを感じました。

さて、午後からは、北京大学附属小学校への訪問です。

こちらは、北京大学教職員の子ども達が通う小学校と聞きました。児童・教職員の数を合わせると、二千名を超えるというマンモス校です。

午後のプログラムは、次のとおり行いました。
③　日本側・・五年「SUDOKU」（川崎庸右先生）
　　中国側・・二年「角の認識」（何秀雯先生）
④　日本側・・四年「図形を【角の和】の視点で」（堀俊一先生）

中国側・五年「分数の再認識」（李正辰先生）

私は直接参観できなかったのですが、掘先生には、通訳なしの見事な授業を披露していただきました。圧巻は、それだけではありません。子ども達に実際に操作活動してもらえるようにと、手作りの凹型四角形の板を用意されたり、コンピュータソフトを開発されたり、それらは授業に臨む者の、基本的な構えだと思います。それを大ベテランの先生が入念になされている姿は、我々若い教師に暗黙の自省を促すものでした。

中国側の授業は、普段着感覚のものでしたが、内容的にはとても豊かさを感じることができるものでした。

一つの□を与え、これが$\frac{1}{4}$だとしたら、全体はどんな形になるのかを問います。TIMSS調査（国際教育到達評価学会が実施した第三回国際数学・理科教育調査）でも類似する問題があったように思います。分数のとらえ方をテープ図や面積図などで行う際、分割や何個分など、とらえやすいものが扱われます。しかし、それは、分数の表現を固定化させるものです。もっと多様な表現を考えさせたいと思います。優秀な北京大学附属小学校の子ども達の発想と私の発想のどちらが豊かか、競う気持ちで見せていただきました。

続いて、今度はその□が$\frac{2}{5}$とした場合の全体量を考える問いが示されました。一つ分をどのようにとらえるか、ここがポイントです。□の分割は、縦・横の他に、斜めもあります。あいにく、子ども達からは斜めの考えは出ませんでしたが、数を扱いながら、図形的感覚、量的感覚も刺激されています。この分数は、見た目には量分数を扱っていますが、全体量を求めるには割合の考え方を使わなくてはなりません。子ども達の多くが苦手とする割合の考えが、盛り込まれていることにも感心しました。

四．日中算数教育国際シンポジウム　（二〇〇七年三月二十七日　火曜日）

北京市郊外の昌平区昌盛園小学校を訪問しました。ここでのプログラムは、次のとおりです。

⑤　中国側：四年「生活における負の数」（趙震先生）
日本側：三年「20をつかめ」（古本温久先生）
⑥　日本側：二年「かがみをつかって」（佐藤）。

趙先生は、中国の授業コンクールで全国第一位（二〇〇五年）の方です。その受賞した「正数・負数」の授業を公開してくれました。

なるほど、全国第一位だけの授業です。

正の数、負の数の表現を検討する際、すっといってしまう0のとらえ方も、子ども達の素朴な考えを発表させたり、その0の捉え方を、数学的モデルはもちろん、エレベータの場面からも検討していました。

また、算数・数学の日常生活における有用性が日本でもよく話題になるのですが、正の数・負の数の使われている場面を、気温や歴史資料から見ていく迫り方は、私の発想を遥かに超えるものでした。特に、温度計は、最初にマイナス表示のない温度計を提示し、次に0度以下の気温を扱いマイナス数値が表現できるよう、児童に考えをもたらす工夫がなされていました。温度計は全体に見えるよう大きい自作教材でしたし、歴史資料も自作のソフトでした。彼自身私より年下の若い先生なのだが、多くの若い先生に見てもらいたい良い授業でした。

今度は、私の番です。

昌平区昌盛園小学校に向かうバスで、初めて通訳の史曼さんと対面しました。北京大学大学院一回生と聞きました。流暢な日本語で会話できるのですが、来日経験は全くのゼロ。どこで日本語をマスターしたのか尋ねてみると、日本のドラマを見て身につけたそうです。車中では、私の提案する授業についての打ち合わせもしましたが、トレンディードラマの話題でも盛り上がりました。

さあ、授業！

ここのところ、ずっと検討を続けている「かがみをつかって」の授業を提案しました。これは、ドイツの『数の本』をもとに、授業化したもので、鏡像対称について、活動を通して、倍概念や規則性の発見もねらっています。

ドイツの場合は、一時間で取り組むだろう一ページに、いろいろなドット図が示されています。子ども達が飽きることなく次々と教材に向き合っていけるようにしています。極論をいえば、良い教材があれば教師は不要という立場をとっているように思えます。

この教材の中から、鏡の持つ復元力を知るための活動（食べかけのピザを元に戻す）と、五のドット図（半分の扱い）を取り上げ、授業化しました。

子ども達は、食べかけのピザを元に戻す方法を見つけたので、五のドット図を十、八、六、四、二に変えることができると考え、次々に見つけていきます。しかし、奇数個はなかなか見つけることはできません。五が八名（五十名クラス）、七を十二名が見つけただけでした。

そこで、子ども達がなかなかできないで困っている五の作り方から検討していくことにしました。このように、問題と出会わせ、問題を解決していく、問題の構造をとらえます、構造が他の場面でも適用できるか試してみる、本時の学習をまとめる―このような展開は、全く日本的問題解決学習です。史曼さんと綿密に打ち合わせをしたので、日本で授業しているかのようにテンポ良く展開することができました。

それ以上に、子ども達の純真で、ひたむきに学ぶ姿が心に強く残りました。

さて、午後からのシンポジウムについても少し触れておきたいと思います。

大きく、①中日の授業観、②教師像、③子ども達の学習意欲、についてのディスカッションでした。

前回の上海視察でも、昨日の二校訪問でもずっと話題となってきたことですが、授業の組み立て自体は大きな相違はないように思います。谷口徹先生も同様の見解でした。

しかし、中国の授業は、非常にテンポ良く、流れるように展開します。考える力を育てることは大切ですが、日本においては「考えさせる」授業の問題点が指摘されています。手立てなく考えさせたり、時間を浪費させたりするような展開をよく見かけます。教育再生会議では、授業内容の充実を図るため、授業時数の増加と授業時間の短縮（四十五分間→四十分間）が検討されているといいます。それが具現化されるかどうか分かりませんが、授業における無駄を省いていく必要はあるでしょう。

中国側からは、この話題に関連して、②教師像の違いが取り上げられました。「中国の教師は終始『教師』ですが、日本の教師は『教師』だけでなく、『子ども』になったり、『友達』になったりと、様々な姿に変化していました。日本人の教師は、とても演技力がある。」との意見をいただきました。

新任時代に、指導教官の先輩に「四者吾入《ししゃごにゅう》」ということばを教えてもらったことがあります。教師は、子どもを学びに誘う「学者」（知的）であれ、子どものけがや病気に気配りできる「医者」であれ。子どもの将来性や可能性を引き出せる「易者」であれ。そして、子どもが楽しく学べるよう「役者」であれ、という話です。私は、算数の授業について、算数の知識や技能を単に伝えたり、それらを確認したりするような営みに終わらせたくないという思いを持っています。数えることも、測ることも、図形を見分けることも、それら全て、人間が人間としての営みとして行うものでしょう。したがって、それらの営みを人間らしく、人間くさく、取り組みたいと思うのです。子どもと同じ目線で、同じ気持ちで、同じ動作で取り組むことは、とても大切ではないでしょうか。

それにしても、中国の子ども達の意欲はとても高い。

元々、師範大学の附属小学校であったという背景を差し引いても、高いと思います。小西豊文先生から、日本では「早寝、早起き、朝ご飯」の運動を国挙げて取り組んでいるとも紹介していただきましたが、ここに大きなギャップがあります。

中国の先生からは、端的に「家庭の力」と返されました。勉強すれば人生が保証されると考える中国。勉強しなくても生活していけそうな日本。「格差社会」ということばが流行っているようですが、日本人は甘いと思います。それは逃避の類に映ります。

最後に、「算数授業と芸道」と題して、対談を行いました。

呉正憲先生（北京市教育科学研究院）とこの視察旅行に同行していただいた桂小米朝氏に加わっていただきました。

小米朝氏からは、第一声、「日本の授業に笑いがない。」と一喝されました。痛快なことばです。「静かにしなさい」「お話を聞きなさい」のように否定的なことばが並ぶ授業は、とても明るいとはいえません。学ぶ意欲を掻き立てることも難しいでしょう。落語家は、第一声のところから、お客さんがどんな気持ちでいるのかを読みとり、心地よい雰囲気をつくる努力をするそうです。しゃべり過ぎず、受けすぎず。それは、落語家にとって当然の努力なのでしょう。しかし、私たち教師にとっても、それは同じことでしょう。

交流二日目も、考えることの多い一日でした。

五．再見！（二〇〇七年三月二十八日　水曜日）

内容の濃い視察二日間を終えました。前日までの緊張感から解き放され、虚脱感を覚える朝でした。

最終日は、故宮を見学して帰国します。ガイドには、故宮博物館とありました。しかし、どう見ても博物館らしい建物が見あたりません。じつは、建造物自体が博物館なのです。中身は、動乱時に台湾へ持っていかれたそうです。

映画「ラストエンペラー」の舞台。

実際のこの地に立って見ると、確かに華やかな時代があったことを象徴する建造物を目の当たりにして、時代に翻弄され続けた愛新覚羅溥儀の不憫さを受け止め、もの悲しくなってきました。時代の変化を受け止め生き続けた彼の生き方に、強さも感じました。

二時間という長い見学時間だったが、故宮の全体像からすると、それは$\frac{1}{5}$程度だとか。$\frac{4}{5}$の見学は、また次回に期待し、北京を発ちました。

■新たな勇気をありがとう
―中国・北京大学附属小学校との交流―

学校法人帝塚山学園　帝塚山小学校長　堀俊一

前回は上海、今回は北京と中国の教育事情を知る機会を得たことは、今後の私学教育のあり方を模索していた私にとって最高のプレゼントでした。また、人の上に立つ人の心得を説いた中国古典「大学」を読破し、自己を律し自己を磨いていく日常の中で、だれもが踏み行うべき道の基本が分かりやすく書かれたいわば人間生活の根本法則を教える入門書・中国古典「小学」を読むにつけ、中国の子どもの良さを実感したくなったのです。

私が今回北京大学附属小学校で授業させていただくことになり、是非、子ども達と中国語でコミュニケーションを図りたいと考え、中国語を習いました。二週間の間、中国語と共に生活したのは、一生の思い出となりました。

今、私学の授業は、パソコンを駆使したハイテク授業を取り入れ、効率よく知識の定着を図ったり、その獲得した知識を活用して創造したり生活に生かすことを積極的にしています。今日中国が先進的に実践している「PPT（パワーポイント）」や「Flash（フラッシュ／アニメーションソフト）」を使った教材を自分達で開発する授業技術の高さ、数学の系統性を考え思考過程を重んじた教材化の能力の高さは、私学教育の質の向上、教員の質の向上を考えていくとき、そこから大きな示唆を得ることができます。ある概念を認知させるとき、いろいろな具体的事例でもって、繰り返し思考させたり、練習させたりしています。しかも、その授業時間内で、子ども達は何をわかり、何ができるようになったのかといった、子どものその時間の思考過程が目に見える形で、子どもの満足度で評価するシステムをプリント化しているように感じます。「子ども達は算数を楽しんでいる。私たちも好奇心がもてるように工夫している」と言い切るプロとしての自覚が中国の教師陣から伺えます。

また、北京の子ども達と私との授業の中で、私は、あえて、間違った考え方をしている子どもを指名し、その子の考えを集団に位置付け授業の展開を図るべく黒板に書くように指示しました。ところが、すでに書いてある考えと比較し自分の考えを修正したのです。我が校の児童は、たとえ間違っている考えでもそのまま書きますが、中国の子ども達は、常に自分の考えを吟味し、納得できる世界を模索しているようです。子ども達は、エリート意識が高く、自分の視点で考え、それを見直し、再び表現する力を一人一人が身につけているように感じます。私の授業が終わると、拍手が起こったのです。「皆さんも、しっかり勉強に励んで、これからも頑張ってください」と挨拶しました。すると、宗さんが手を挙げて、「どうしても言いたいことがあります。最後にもう一度お礼を言いたい。日本から来て、私達のために、分かりやすく、おもしろく勉強を教えてくださって有り難うございます。数学は得意でしたが、もっと好きになりました。でも、まだ納得ができないことがあります。

どうして、トランプの裏が表になると、正方形がひとつ行き場をなくすのか。どうしてもその訳を知りたい。教えてほしい」と訴えたのです。そして、黒板の前に出てきました。これには、私も驚いてしまいました。

また、帝塚山小学校の四年生の絵手紙と北京大学附属小学校の絵画を交換したとき、歓声が起こり、帝塚山小の児童の絵手紙や絵画を素晴らしいといい、みんな大変喜んでくれました。そして、いつまでも拍手がなりやまなかったのです。この相手を認め、素直に感動してくれた子ども達に拍手を贈りたい。どの国であっても、子どもはいいものです。私が、帝塚山の子ども達に、求め続けている「敬愛の心」「向上心」「規律」が、北京大附小の児童からも感じられました。

帝塚山小からのプレゼントは、二〇〇七年「中日文化・スポーツ交流年」を記念して、野球部に対して、軟式ボール二十四個、グローブ一式九個などに加え、四年生が描いた校舎・大仏など奈良の文化遺産の絵画二十点、更に両校同士の交流が深まるよう児童一人一人が心を込めた絵手紙五十点を添えました。北京大附小からは、交流を記念して、尹超校長のサイン入り銅板楯と小学校友好の思いが描かれた同校四年生の感性豊かな絵画作品約五十点が贈られました。

私は、新たな勇気を中国訪問から頂くことができました。今後、レイモンド・チャンドラーの「強くなければ生きていけない。優しくなければ生きていく資格がない」のことばを大切にして、「人間力や知的好奇心と応用性」を育む教育改革に力を入れていきたいと思います。

銅板楯

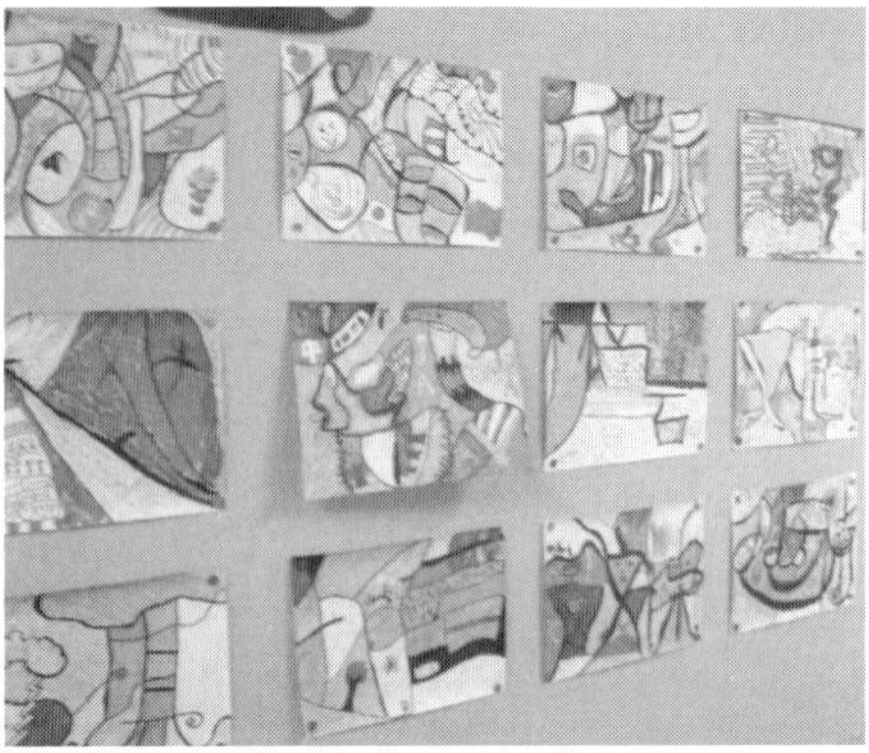

北京大学附属小学校四年生の作品を帝塚山小学校四年生に贈る。

帝塚山小学校四年生の作品を手渡す。

習いたての中国語で自己紹介する堀校長。

北京大学附属小学校の野球チームに野球用具一式を贈る。

写真はいずれも平井良信氏提供

■北京で「円」を教える

同志社大学附属同志社小学校　渡辺信行

プロローグ

授業を依頼されたとき、初めての経験に夢は膨らみました。ところが、よく考えてみれば中国語で話せることばは「ニーハオ」と「シェシェ」くらいなものです。通訳がいるから大丈夫、とはいったものの授業をするのに多少の不安はありました。しかし、ことば以上に不安なことはどのような授業をすればよいかということでした。授業は単にその時間に終わるものではなく、指導者と子どもとの温かい信頼関係の上にこそ成り立つものです。また、子ども達が持っている思いや価値観にどこまで寄り添い、共有できるかが展開の上で大切だと私は考えていました。第一回の上海訪問の新聞記事では、授業後の討議会において、「展開を児童に任せるのではなく、確実な知識の伝達が大切では」という中国側の先生からの意見が掲載されていました。異なる文化、言語、価値観を持つ子ども達との授業構想は当初、悩みながらのスタートでした。そんな思いを佐藤学先生に打ち明けたところ「思い切った授業を提案してほしい」との心強いことばをいただきました。そこで、初めて出会う子ども達だからといって、特別な授業をするのではなく、いつもの私の授業をやってみよう！とやっとのことで構想に向けて一歩を踏み出すことができたのでした。

Ⅰ　授業構想

私が提案したのは、「円の性質」を考えさせる授業です。円は「中心からの距離が等しい点の集合」と定義されます。このことを日常生活の中から気付かせるため、まず、円の性質を利用しているものを探してみました。タイヤ、マンホール、ネジ、ペットボトルの蓋…。よかった！　私はひと安心しました。そう、外国に行ったらタイヤが四角だったなんて話は聞いたことがありません。

授業の大まかな流れは、次のようなものです。身の回りにあるものから円の形を持つものを探します。次にその具体物がどうして円なのか、また、円でなければ困るものについて考えさせます。最後に、自分なりのことばで学習を振り返ります。また、指導にあたっては、形に対して積極的に関心を持ったり、児童の自由な発想を取り入れたりすることを大切にしようと思いました。

Ⅱ　芳草地小学校にて

いよいよ、当日です。まずは身の回りにある具体物（立体）を順に提示しました。一瞬だけ見せてそれが何であるかをゲーム的に当てさせました。子ども達に、私の授業中は思ったことを遠慮なく発表してもよい、ということを感じてほしかったのです。次にこれらの具体物を、何らかの基準で仲間分けしてもらいました。うれしい？ことに、最初は素材や用途、食べられるか否かといった実に子どもらしい観点でそれらを分けていました。子ども達は色々な分け方を提案し、その理由も自分なりのことばで説明してくれました。本時のねらいから考えると、少し横道にそれたとも言えますが、私は正直ほっとしました。以前に担任したときの一年生と同じでした。その後、底辺の形、すなわち円を見せたり、ヒントを出したりしましたが具体物の印象は強く、円の形を含むものとそうでないものとに分類するのに少し時間が掛かりました。

次に、身の回りにあるものの中で、円の形をしていないと困るものを発表させました。タイヤ以外のもので子ども達の多くが納得すれば、それで授業を展開しようとも考えていました。しかし、今回は、かなり早い段階で、タイヤという答えが返ってきました。他にもコインや、テーブル、顔など身近なものから円を捉えていました。その後の展開は、ほぼ私の思ったとおりに進んでいきました。タイヤの形がもし円でなかったらどんな乗り心地か、子ども達と実際にやってみました。三角形ならカタンカタンと、また円でも中心があっていなければ、フワフワとなることを子ども達は簡単に想像し、体を使って表現していました。非常に楽しい一時でした。

Ⅲ　授業後の討議会

授業後の討議会も大変印象的でした。実は一瞬の遣り取りだったのですが、一度だけ、子どものつぶやきを遮って授業を進めた場面があったのです。私自身、その子には悪いことをしたなと思っていましたが、担任の先生より、まずその点を指摘されたのです。そのとき授業を見る目も、子どもを見る目も同じなんだと私は感じていました。日常生活の中から課題へ導入した点と、児童の創造力を高めようとする点について評価していただいたときは、大変うれしく思いました。他にも多くの遣り取りがありましたが、非常に有意義な時間でした。もちろん、多くの反省が残ったのですが、それらは今後の私自身の指導に生かしていきたいと思います。

エピローグ

授業を終え、あとはのんびりと思っていましたが、ここで、私にとって大きな衝撃を受ける授業と出会いました。中国の授業といえば、ともすれば技能や知識を重視するあまり、一方的な指導になりがちと思っていました。しかし、この先生の正負の数の指導は、子ども一人一人の予想から学習活動を展開し、さらに、的確に子ども達の意見を分析していました。全体に提示する順序などは、非常に自然で、まさに「－《マイナス》」という表現が創り出される過程を授業の中で追体験したような気がしました。時には、教室の真ん中に立ち、子ども達全体を把握しようとされていました。ユニークだったのは、マイナスという概念を「私たち中国人」が最初に使ったことについて感想を求めていた点でした。そして、授業の途中には、教室全体で大きな拍手が起こったのです。私たち日本人が忘れかけている祖先への畏敬の念や民族としての誇りがそこには整然と生きていました。授業が終わった後で、その先生と、短い時間でしたが立ち話をしました。マイナスの概念を指導するのに「0《ゼロ》」の扱いをどうするのかなど、非常に興味深い話でした。

後で聞いた話ですが、中国には授業コンクールというものがあって、その先生はそのコンクールの優勝者でした。中国も今、知識偏重の指導や評価から如何に脱却するか、そして、児童の意欲を育てることと知識を確実に身につけさせることを如何に両立させるかを課題としているようでした。私の授業の討議会でも同様の質問があったことを思い出しました。

悠久の歴史を持つ中国。日本との経済的な交流はますます活発になり、今この原稿を書くのに使っているパソコンも『Made in China』です。しかし、同じ黄色民族でありながら、政治・経済の違いのためでしょう、中国を遠くの国のように感じていた自分もいました。そんな私が、北京の小学校で現地の子ども達と算数の授業をすることになり、「百聞は一見にしかず」とはよく言ったもので、じつに多くのことを感じ、そして学ばせていただきました。中国という国が身近に感じられた交流の旅でした。

■数独を引っさげて—数独授業訪問記in北京—

追手門学院小学校　川崎庸右

今回の旅の最大の目的は授業です。私の研究教科「算数」。特別な思い入れがあります。私は和歌山大学時代、理科専攻で化学研究室にいました。中学高校のときから化学が好きで、理科教師か薬剤師になりたいと思っていました。実験に明け暮れ、化学の奥の深さ、面白さ、実験の楽しさを、まだ見ぬ教え子達に伝えたい、そう思っていました。しかし、現在の小学校に勤務し、五・六年生の教科担任制で十一年中八年間、算数を専門に教えるうち、だんだん算数が面白くなり、のめりこんでいきました。授業がうまくなりたくて、実践発表や公開授業を数多く行いました。私学の全国大会で研究発表し、「お前みたいな先生がいるから、日本が駄目になるんだ。」と、厳しく言われ、とても悔しい思いをしたこともあります。

算数や数学が専門でない私にとって、どういったところでアピールできるか、と日々悩んだ時期もあります（今でもですが）。辿りついたのは教材開発&研究。これはもちろん全教科に通じるものですが、小学校の学習は、生活する上で必要なことを学ぶ場であるという基本に戻って、教材を見つめ直し、教科書はもちろん、それにプラスして様々な生活の中から、算数的な面白い教材を小学校算数に取り入れることはできないか。そういう視点で色々な教材開発に取り組み、また、算数の勉

強をしてきました。その中の教材の一つが「数独」です。頭のやわらかい子ども達が楽しんで学習に取り組めるものはないかと、探していた時、出会ったものです。ここ数年、世界中でブームを巻き起こしている日本育ちのパズル「数独」。数独とは縦横九列の空いているマスに1～9までの数字を埋めていくシンプルな数ゲームです。「教材」とは、意外と身近に存在し、それをやってみる勇気が「教材開発」になりえるのだということも、授業と共に見ていただきたかったのです。

三日目の昼食後、北京大学附属小学校を訪問しました。素晴らしい学校です。この小学校は、北京大学の教職員の子弟が通う学校だと知らされました。北京市の教育委員会の方や、校長先生はじめ多くの先生方が私の授業を見に来られています。ビデオもまわり、ピンマイクをつけての授業。さあ、いよいよその時。少しの不安は、そのクラスのことが全く分からないままでの授業であるということです。それと、ことば。通訳を通しての授業はもちろん初めてです。私の授業の組み立ては、次のようになっています。

①　まず始めに自己紹介

子ども達は真剣に聞いています。私が大阪から来たことを伝えると、さすが天下の北京大学、なんと十名以上の子が大阪に行ったことがある、と答えてくれました。（少し場が和む）また追手門学院小学校が大阪城の近くにあることを言うと、大阪城に「行ったことがある」という子も何名かいました。それだけで、何か子ども達

と少し近づいたように思えました。（よかった～）

② 次に簡単な数パズル

これは子ども達に「あー今日することは簡単なんだ」と安心感を持ってもらうためと、これからする「数独」のルールを理解するために行いました。みんなよくできています。手もたくさん上がりました。日本でするのとなんら違いはありません。子ども達、まだ少し周りの様子を見ながらも徐々に「算数」の世界に引き込まれていっているのが分かります。私もそれにつられて、授業もようやく軌道に乗り始めました。

③ 4×4の数独に挑戦

本来数独とは、9×9のマス目のものをいいますが、小学生にいきなりそれでは難しすぎます。ルールが分かるまでは、結構大人でも大変で、難しいものなのです。数パズルでルールを理解させた後、4×4の簡単な私のオリジナル数独問題をし、その後、本時の最大の課題9×9数独に取り組ませるのが目標なのです。数パズルの延長で、4×4数独のルールを、子どもを指名して答えさせていきます。通訳の人が日本語で私に伝えます。その間がドキドキで、ちゃんと伝わっているか、子ども達はきちんと答えているか、祈るような気持ちです。通訳から日本語が返ってきて、ようやく一安心です。中国の子も、しっかりこちらの意図を受け止めて、しっ

かり答え、理解しています。

（あ～、いいこと言っているなあ。さすが、子どもの考える力はすごいなあ）

４×４数独は殆どの子ができていましたが、やっている様子を机間巡視して見てまわると、何人かの子がつまずいていたので、その場で教えました。ことばは通じないので書きました。理解してくれたのでとても嬉しく思いました。どうやら全員が理解したようで、どんどんプリントの問題を進めています。ここまでくると、私も絶好調で、通訳のことも忘れて「じゃあ、ここに入る数字はなにかな、みんなで言ってみよう。さんはい！」……シーン……（通じるわけないよな…）

④　９×９の数独に挑戦

４×４数独の後、いよいよ９×９の数独に挑戦です。「ルールは今まで、たて、よこ、太線のマスに、１～４まで数字が入っていたけど、今度は、１～９までの数字が入ります。」と、簡単な説明だけをしました。すると子ども達からは、質問なども特になく、黙々と取り組みだしました。難しい問題なのですが、自分たちで考え、この授業で習ったことを応用し、自分の力で取り組んでいます。私は嬉しくなりました。私がねらっていたことが達成されつつあるからです。ふと気付くと、私の授業を参観してくださっている日本の先生方、中国の先生方や教育委員会の方、校長先生、みんな必死で数独をやっています。クラス全体が大人も子どもも一体となり、一所懸命集中している、そういう空気が教室全体に漂っていました。授業者はそういった微妙な空気がよく分かります。私が感動に浸った瞬間です。

チャイムが鳴り、授業が終わりました。何ともいえない満足感です。「これからも、算数を楽しめる子になってください。また、考えるのが好きな子になってください。」そういった内容のことをみんなに言って、授業を締めくくりました。

⑤　通訳を通しての授業

思っていたより大変ではありませんでした。授業はことばが通じなくてもできます。もちろんすべてではありませんが、授業とは人と人の心と心でするものだというのが分かりました。ただ、子ども達の発見や意見を言ってもらう時、途中で止めることができず、最後まで聞かなければならない所が、唯一の難しいところでしょうか。

⑥　授業を終えての感想

一〇〇%満足の出来とはいえませんが、一所懸命数独に取り組む子ども達や、先生方を見ていると、「私の授業を楽しんで受けてくれている」というのが伝わってきて、あっという間の四十分でした。正直、楽しかった。そして、子ども達が、かわいかった。本当にこのツアーに参加してよかったと思いました。また、授業をさせてもらってよかった。一生の思い出になったと思います。

■「20をつかめ」で心つかむ――一番の思い出は授業――

東大阪市立玉川小学校　古本温久

とにかくハードなスケジュールでした。ほとんど分刻みのスケジュールの中、私にとって一番の思い出は、昌平区昌盛園小学校で授業をさせていただいたことです。いろいろな世界遺産を観光したり、おいしい料理をいただいたりしましたが、何よりも授業をしていた四十分間がとても楽しい時間でした。

三年生の子ども達が、とても可愛かったのです。教室に入るなり、大歓迎を受けました。中国の小学校では男性の教諭が珍しいそうです。だから、男というだけで喜ばれました。会って三分後には「先生のことが好きだから、みんな喜んでいるんです。」と担任の先生に言われました。こんなことをもし日本で言われたら、お世辞か冗談にしか聞こえませんが、あの時あの場所では、素直に嬉しく感じられました。緊張していた気持ちも、子ども達の笑顔と担任の先生の優しい雰囲気で、すっかり消えてしまいました。

私が見学させていただいた中国の学校の子ども達は、素晴らしい学習規範を持っていました。授業中のおしゃべりはありません。背筋もまっすぐ伸びていました。手の上げ方もまっすぐでした（少し日本の手の上げ方と違う）。発表のときの声の大きさもしっかりとしていました。当たり前のことですが、当たり前のことを素晴らしいと感じるほどできているのでした。同じように昌平区昌盛園小学校の三年生の子ども達もそうでした。みんな手を後ろに組み、背筋を伸ばして私の話を聞いてくれました。私は日本語で話をしたのですが、まるで通じているかのように、子ども達は集中して私の話を聞いてくれました。

授業は、「20をつかめ」というトピック教材でした。ゲームを楽しみながら、数の仕組み（ゲームの仕組み）を考え、必ずゲームに勝てる方法を見つけ出そうという学習です。ゲームのルールは、二人で交互に数を1つ以上3つ以下で進めながら、最後に20を言った方が勝ちという単純なものです。

はじめは石に見たてた提示物でゲームを行いました。それは、具体から抽象へ、つまり石から数へのステップを踏んで欲しかったからでした。黒板の前まで一人の子どもに出てきてもらって、私とゲームをしました。私は、わざと全部勝ってみせるのです。子どもはどうして先生はいつも勝つのだろう、何か仕掛けがあるに違いないと考え始めます。ねらったとおり、二回ゲームをして「気付いたことはないですか？」と聞くと「石が20個ある。」と答えてくれました。そこから、石の提示物を数のカードに置き換えてゲームを続けました。

私は「先生は優しいから、あなた（子ども）に先にさせてあげるよ。」などといいながら、子ども先攻、私後攻でずっとゲームを行いました。なぜならこのゲームは後攻が必ず勝つ仕組みになっているからです。子ども達は、素直に先攻でしてくれました。

16のカードを私がとると、「あぁ！」とみんなが歓声をあげました。みんな16が勝負のポイントだと気付いたらしいのです。そこで「どうして16をとると勝てるのですか？」と尋ねました。子どもは「相手が17だけとったら、18、19、20ととれるから……。」と答えてくれました。まだ続きを言おうとしましたが、そこでその子の発言を止めました。もうその子が言おうとしていることばは、分かったので他の子に他の場合を発表してもらいたかったからです。次の子は「17、18をとれば19、20。」、そしてもう一人が「17、18、19だと20だけ。」と答えてくれました。三人で三パターンを出し合ったのです。

この〈一人にすべてを言いきらせない〉という方法については、賛否両論ありますが、私はよく授業で全体の話し合いのときに活用する方法です。じつは、ここには綿密な通訳の方との打ち合わせがありました。小学校へ向かうバスの中で、ここの場面について、じっくりと話し合っていたのです。通訳の方はこの打ち合わせのときに「なぜ、その子に全部を言わせないのですか？」と素直に私に質問をぶつけてきました。私は、いろんな子に活躍して欲しいことや、その子の考えをつなげて発言することのよさや、その子の発言で気付く子のことなど説明しました。バスの中で十分な時間があったから、納得してくれました。話は少しそれますが、この授業が盛り上がったのは、本当に通訳の方の協力があったからだと感謝しています。

次に私は、17をとった時は18、19、20をとればいいという場合を「1＋3」という式に表しました。「答えは？」「4。」元気に反応が返ってきました。そして、他

の場合については子どもに黒板に書いてもらいました。

「1＋3＝4」「2＋2＝4」「3＋1＝4」

これで、子ども達も気がついたようでした。

「16」をとるためには「12」をとればいい。「12」をとるためには「8」。そして、「8」をとるためには「4」。

「この4、8、12、16、20という数で気づくことはないですか?」

「4の倍数です。」

もうこれを読んでいる皆さんもわかっていただけたのではないでしょうか。後攻でゲームを行えば二人で進める数を四つにコントロールできるのです。20は4の5つ分。だから、後攻をとって、4つずつ進めれば必ず勝てるのです。

もう一度ゲームを行おうと子どもを誘いました。するとこの学習中、おとなしそうにしていた女の子が、恥ずかしそうに手を挙げてくれました。そこで、その子を指名しました。前に来たところで、私もこりずに「先生は優しいから、あなたに先にやらせてあげます。」と言いました。するとその子は、私のほうを見ていねいに、

「先生がお先にしてください。」

と言ったのです。その少し控えめの言い方や表情や手を向ける仕種《しぐさ》が、とても印象的でした。本当によく覚えています。私はゲームに負け、くやしそうな演技をしましたが、とても嬉しく楽しく充実感に浸っていました。

最後の最後に、今度は20をとったら負けというルールに変えてゲームをしました。当然、勝ち方もかわってきます。どうすれば勝てるのかは、読んでいる皆さんにも考えてもらうこととして、そのゲームに参加した男の子は、「16」をとったところで、まだカードをとればいいか、わからなくなって動かなくなってしまいました。時間もきてしまったので、その子には、「また勝つ方法を考えてください。」といって、授業を終えました。きっと家に帰って、お家の人と学習したゲームをしたでしょうし、20をとったら負けの時にはどうやったら勝てるのか考えたことでしょう。

私は、初めから子ども達と算数を楽しみたいと思い、授業に取り組みました。子ども達は、私の予想以上に盛り上がり、楽しんでくれたと思っています。そして、考えるところは考えてくれました。表現するところは表現してくれました。日本でやってもこんなにメリハリをつけた授業ができるのか?と思うほど、私と子ども達はともに楽しむことができたと思っています。

授業後に日本の仲間の先生に「このまま北京であのクラスの担任できるで。」と言われました。そんなことはできるわけがありませんが、最後に教室を出るのが、さみしく思いました。できることならまた会いたい。それほど、本当に楽しい一時でした。

授業が終わって、子ども達に算数日記を書いてもらいました。もちろん中国語です。「日本で誰か中国語のわかる人に訳してもらおう。」という気持ちでした。読んでもわからないだろうと思っていましたが、帰りのバスの中でちょっと見てみました。

すると驚くことに中国語の分からない私にも楽しんでくれたということが所々の漢字から伝わってきたのです。

　この旅は、本当によかった。いろいろな方々に出会えました。この出会いは、これからもずっと大切にしていきたいと思っています。そして、何より授業の面白さと大切さを改めて実感させられました。やはり、授業は教師の命。

　これからも、授業力を高めていけるように、努力していきたいと思います。

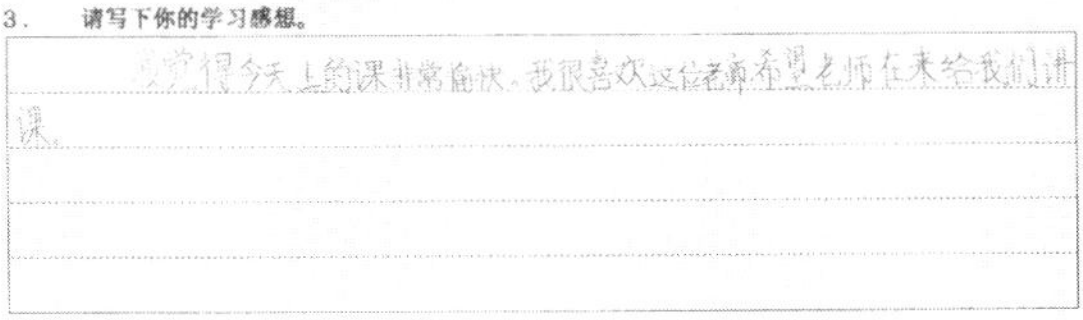

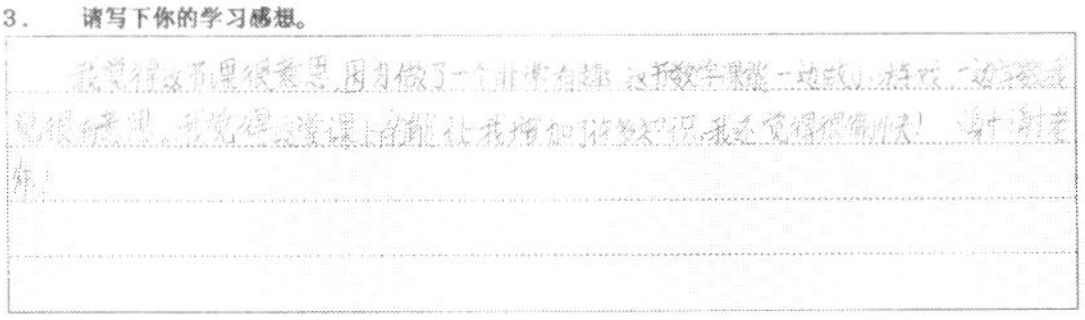

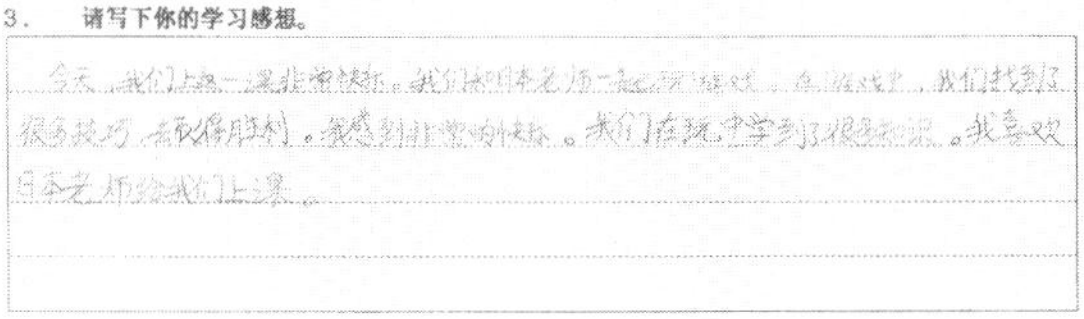

■素敵な悪夢——北京の小学校で夢をかなえる——

堺市立金岡北中学校　河内尚和

すさまじい旅でした。毎朝六時に起きて、ほどなく出立《しゅったつ》。ホテルに戻るのは九時十時。学校訪問にせよ、シンポジウムにせよ、観光までもがたいへんな密度で、思いを整理する暇もありませんでした。旅立つ前日まで仕事に追われていて、帰国した翌日から新学期の準備におおわらわ。まるで悪夢のようでした。しかし、何とも素敵な悪夢でした。

一番素敵だったのは、北京の子ども達の笑顔。初日に訪れた「国際芸術学校」で、初めに出会った子ども達に挨拶を。「孩子们、你们学习用功吗？（みんな、しっかり勉強してる？）」。声を合わせて元気な返事が返ってきました。「用功！（もちろん！）」これだ。その瞬間、一昨年の上海を思い出しました。何て明るい笑顔なのでしょう。「来てよかった」と、心の深みから喜びが込み上げてきました。

「日本の子ども達だって素敵ではないか。いったい何が違うのだろう」そのことをずっと考え続けています。先日、勤務校ではない中学校で、生徒達の前に立ちましたが、その時、実感したこと。日本では子ども達から笑顔を引き出すのに、少々テクニックが要ると思います。どうもワンステップが必要なのです。中国の子ども達が素直で真っ直ぐだということなのでしょうか。誰かにからかわれているような気がしてなりません。

今回は授業研究をさせていただきました。小学校の算数教育の研究交流なのに、中学校の国語教師が何をするというのでしょう。志願した理由を尋ねられたら、こう答えるしかありません。「子ども達の前に立ちたかったから」……不純でしょうか。しかし、一回目の上海では羨ましくてならなかったのです。中国の子ども達と一緒に何かを創ることが一つの夢でした。この場合は授業です。

しかし、団長の佐藤先生から「意義のある授業をするように」と、しっかり釘を刺されました。そこから私の悩みが始まりました。いろいろと考えて、ついに行き詰まった私は、美原北小学校の関忠和先生を訪ねることとなりました。この時相談に乗っていただいたのが、じつは初対面でした。

関先生は、教育に授業に、たいへんな情熱を持っておられる方で、お話を伺っているだけで、くすぶっている教育者としての「心の灯心」に明かりが点る思いでした。

今回の私の大きな収穫の一つは、関先生との出会いでしょう。果たして予想していたことばを聞くことになりました。「ぼくも一緒に行こうか」……こうして、関先生と私のチームティーチングが成立することになったのです。一つの運命と言えるかもしれません。

中国にチームティーチングがあるのか尋ねましたが、日本でやっているようなものはないとのことです。現地の先生方には目新しかったに違いありません。その意

左側は筆者

義については秋田大学の杜威先生が語ってくださいました。ひとこと言っても、十くらいに訳してくださる素晴らしい方で、ずいぶん助けていただきました（笑）。

また、この授業で紹介させていただいた教材「パターンブロック」は、十年ほど前にアメリカから日本に入ってきたもので、六つの色と形を持った色板です。幾何の学習に有益な算数教材で、子ども達に図形の性質を体感させることができます。東京の「東洋館出版社」が扱っていて、今回は芳草地小学校のために十セット寄付してくださいました。これを機会に中国でも利用していただけたらと願っています。ただ、残念なことに、日本では充分に普及しているとは言い難い状況だそうです。

授業研究の朝はヒヤヒヤさせられました。朝の交通渋滞のため、授業の開始時間に間に合わないのです。何とか少しの遅れでたどり着いたら、挨拶だ写真だと大歓迎。しかし、生徒はどうしています？「待たせています」うわあ、大変だ。大急ぎで授業開始。関先生と二人、焦りまくって授業を進めました。驚いたのは、私達が行った学校は「インターナショナルスクール」で、いろいろな国籍の子どもがいたこと。机間巡視しながら、ある子に中国語で語りかけたら、日本語で「わかる」と返事。あれ？　日本語だ。時間がなくてクラスの子ども達と写真を撮れなかったことが残念でなりません。

北京大学附属小学校。郊外にある昌盛園小学校。中国の先生方の授業。日本の先生方の授業。どれも印象深く、書き出すと際限がありません。この貴重な五日間をありがとうございました！　今後の人生に生かしたいと思っています。

団長から校長へ日本の教具パターンブロックを贈る。
（東洋館出版社提供）

北京市国際芸術学校にて

■壁を越えた四十分
―通訳つきの授業はむずかしい―

堺市立美原北小学校　関忠和

三月二十七日。今日は、いよいよ実験授業本番の日です。「まあ何とかなるか。前にもやった授業だから」と根拠のない自信が、崩れていきます。どうしよう。授業時間もないぞ。困った……。ことばの壁を甘く見ていたようです。パターンブロックがくっ付かない。くっ付けようとするとバラバラになる。うーん？？？授業時間も十分短くなったぞ。どこを、カットしようか？と焦りながらの授業でした。

中国の子どもの考え方をしっかり、日本語に表現してもらっているのだが、長すぎる……？？？時間もない。後三分か。まとめに入らないと、と焦った気持ちで授業をしていた僕でした。

十二月に河内尚和先生から中国で算数の授業を見学し、授業をしてみないかと相談があったのがこの視察団に参加するきっかけです。話を聞いていくうちに「面白そう。中国で授業する機会に恵まれるのは、一生ないな」と思って、その気になっていきました。

何をしようかということになり、あまりことばを使わずにできるものはないかと考え、パターンブロックを使ってやってみようということになりました。

パターンブロックを使って、どちらがどれだけ大きいかを発見、考察させる事をねらいにして、日本の子ども達と考え方は一緒だろうとの予測の元、指導案を立てました。一人では、操作があるので見切れないので、TT方式（二人の教師）でやることとなりました。美原町の授業研究会では、TTは、児童をよく知っている担任の先生と、主に授業を進める算数部のほかの学校の先生で組を作ってやっていました。今回は、河内先生は中国語が話せるので、これなら安心と臨んだ授業でした。

三月二十六日。前日は夜十時過ぎに打ち合わせをして、流し方を予測し、確認しました。このときに根拠のない自信（何とかなる。黒板にくっ付かなかったら投影機もあるし）が生まれていたのでした。

三月二十七日。さあ、いよいよ本番と思って（ハードスケジュールの疲れを感じず）ちょっと、緊張しながらとった朝食でした。河内先生が「今日は白菜がない」と嘆いていたのが不運の始まりだったのです。バスで出発。こんなに時間が掛かるとは思っていませんでした。渋滞に巻き込まれ着いたのは、始業時間の合図（音楽）の後。あせっちゃいました。軽く挨拶をして、写真を撮って、授業会場へ。どんな学校かも分からず、とにかく美しく、整備されてるし、設備も整った学校で、日本の私学の大学の附属小学校のようなもんだと思いました。

教室に入ると、四年生が二十七人座って待っていてくれました。中国語での元気なあいさつでほっと一息。「終わりの時間は、延ばさないで」といわれ「実質三十分の授業。よし、前と、後ろをカットして、何とか発表を一人か二人にしてもらって討議はできたらのレベルで望もう」と即断。自己紹介の後、パターンブロックを使って、敷き詰めることを説明。見ていくと敷き詰めではなく、模様を作っている。あわてて、二回目の説明。通訳してくれているので安心。竜、魚、花と敷き詰めているのを確認。「この子らは、理解が早いな」と感心。代表作を二つ見せて、敷き詰めた図形のよさを確認しました。

いよいよ課題の提出へ。この時すでに残り時間は二十分。黒板に紙を張り、「山田先生の土地と、田中先生の土地と、どちらがどれだけ広いかパターンブロックを使って考えてください」と中国語で板書。「通じたかな?」と思いつつ見回していくと、敷き詰めようとしているので安心しました。はじめの五分間は、どうしたらいいのか分からない様子。山田先生の方が大きいというので「どうして、そう思うの?」と聞くと「たぶんこっち。見た目で。そう思う」と返ってきて「これはいかん。敷き詰めて考えると分かってくるよ」という。(一人の女の子が、日本語で書いている。えっ?日本語も教えているの?)と思いきや日本人でした。イランの子どももいる。(なるほど、インターナショナルスクールなんだ)と思いました。後五分考えさせることにしました。すると、日本でやってきたのと同じように三つのパターンが出てきました。

①黄色の正六角形で敷き詰めて余りを青の菱形で比べている子
②両方を同じ模様で敷き詰めていって菱形一つ分多いと比べている子
③黄色の正六角形を菱形三つ分と考えて計算している子

よしよしと思い、①の子に発表してもらおうと、パターンブロックを黒板に貼り付けようとすると、バラバラになります。困ってしまいました。投影機でやろうとするのですが一部しか写らないのです。「よし。このままでいけ」と説明してもらうことにしました。（ことばが長すぎる。何を言ってるのか、どこで、迷っているのかこちらが理解できない。）？？？パニックになってしまいました。

③の子にも発表してもらうことにしました。同じく？？？時間が気になり、「黄色の正六角形は菱形いくつ分と同じ？」とパターンブロックは、交換して比べることができる、と押さえて終了しました。結論が出せなかった反省点ばかりの授業でした。

発問は、簡潔に、単語で絞っておかないと、こちらがことばの壁で続かないんだと思い知らされた授業でした。また、パターンブロックが子ども達の考え方を導く具体物であることが、ことばの壁を越えて使えたことに安心した授業でもありました。初めてにして、ここまで短時間に操作していることにも驚かされた授業でした。

中国側の授業を見る中で、次のことを学んでこられた旅でした。

①考える時間と習熟する時間の配分がよい。（テンポが早い。）

②暗算だけでできる問題を使い、思考力を養っていること。

③パソコン、写真などで生活と算数を結びつけた授業プログラムを全体で実行

していること。

④算数の専科の先生をおいて、研究成果をうまく、つなげていること。

⑤生活と結びつけて考える手立てをとっているから、テンポが早く集中できる授業ができること。

大変素晴らしい、貴重な経験ができて、本当に感謝しています。企画立案から、手配、授業と、すべてに配慮されていて、快適で、有意義な、充実感満喫の旅でした。

右側は筆者

第二節　中国の小学校事情・中国算数授業事情…………

■失われたものを見た—算数授業交流で学んだこと—

大阪成蹊短期大学教授　小西豊文

第二回「日本朋友数学教学考察団」が組織されました。第一回の「上海」に引き続き、今回は中国の首都「北京」への訪問です。前回の訪問をふまえて、実際の日中算数授業交流を通して、中国の算数教育の現状を探究しようというのが趣旨です。

前回に引き続き、今回も、京都外国語大学教授の彭飛《ポンフェイ》氏に全面的にお世話になっての企画及び団編成です。団長も引き続き、佐藤学氏（大阪教育大学附属池田小学校教諭）で、今回も、算数教育に関心のある小学校の先生方が多数ですが、書店や教科書会社の方等もご一緒しました。さらに、ポン氏の広い人脈の中から生まれた企画「北京で落語」の実行団の方々ともご一緒という思わぬ幸運も舞い込んできたのです。かの有名な桂小米朝氏と同行の旅をすることができるという幸運です。私は、今回のことがきっかけで、事前に、前々から行きたかった大阪天満天神の「繁昌亭」に行き、小米朝さんの落語を聴くなどして落語にあらためて強い興味をもつことにもなりました。また、今回、もう一人、日本の数学教育の大家の先生とご一緒することができたことも幸せでした。その方は、秋田大学教授の杜威《トイ》氏で、彼は数学教育に関する博士号をもち、日本の中で、中国の算数数学教育に最も詳しい教授なのです。杜威先生でないと訳せない専門用語も多々出現したし、その面でも助けていただくとともに、旅の中で、いろいろ専門的なことを学ぶことができたことも有り難いことでした。多くの出会いの中で、多くを学ぶことができた旅でした。

さて、私は前回の上海で見聞きしたことを、「世界の教育事情・上海訪問記『上』と『下』」（週間教育資料№九〇〇号、№九〇一号〔二〇〇五年七月十八日、二〇〇五年七月二十五日〕で書きました。上海の算数の授業と子ども達の素晴らしさが、果たして北京でも同様に見られるのか、またその背景に潜むものは一体何なのかなど、自分なりに明らかにしたい課題をもって参加しました。上海で見た算数の授業のように、水がとうとうと流れるかのごとく展開される美しい授業が見られるのだろうか、また、授業での子ども達の意欲的な様子や小さな演説のごとく人に説明する子ども達の姿は多々見られるだろうか。そして、それらの背景にはどんな教育上の秘密が隠されているのかをこの目で明らかにしたいという気持ちを強く持っての参加となりました。

そんな旅を目前にして、衝撃的な新聞記事を目にしました。三月八日M朝刊一面に「学ぶ意欲低い日本」という見出しで報道された、日本（東京）と中国（北京）と韓国（ソウル）の小学校四～六年生の意識調査の比較の記事です。特に注目したアンケートの項目とその結果は、次の通りです。

質問	東京	北京	ソウル
勉強のできる子になりたい	43	78	78
将来のためにもがんばりたい	48	75	72
先生に好かれる子になりたい	10	60	48

（数字は%）

この北京と東京の大きな差異は一体何なのでしょうか。この背景にも迫りたい気持ちで旅に臨むことになりました。

最初に訪問した学校は「芳草地小学校」でした。ここで、まず最初に、四年生の図形「垂直と平行」の授業を参観しました。やはり、上海で見た授業と共通するイメージで流れていったのです。一単位時間四十分も上海と同じであり、その中で、予定された授業はきっちりと最後まで澱《よど》みなく無駄なくテンポよく流れていきました。子ども達の反応も素晴らしいものでした。一人一人が授業に集中しており、挙手を見ても、腰の浮くような積極的な手の上げ方です。そして、指名された子どもの発表は堂々としており、身振り手振りも交えて流暢に説明をしていました。学級の人数は多い（四十名以上）が、全員の姿勢がよく一斉に読む声にも元気な張りがありました。学習内容としては、二本の直線の位置関係としての垂直と平行を対比的に取り扱い、それぞれの意味を明確にするのが本時のねらいです。日本では、概ね二時間（四十五分×二）の内容になっているように思います。それが一時間（四十分×一）でできているのです。

ここでは、このような内容を一時間（四十分×一）でスムーズにできているのはどうしてでしょうか。訪問に際しまとめられた「二〇〇七・日中小学校算数教育国際シンポジウム（北京）指導教案集」と、実際に見た授業のメモから自分なりに分析してみました。一つは、子どもに二本の線のいろいろな位置関係について考えさせて操作をさせていますが、垂直と平行の定義などにあたっては教師の方から用意したもので整理して示しています。また、テンポがリズミカルで一見、早口のような感じもしますが、展開の流れが整理されており、そのテンポに子ども全体が乗っています。笑いもなくゆったりとした感じには乏しいが厳しい雰囲気の中で無駄な部分がないのです。子どもはよそ見したり注意が散漫になることは一切なく、集中力が切れないで進行しています。パソコン画面と黒板を併用し、常に提示は周到に準備したものでした。このようなことから、効率よく流れたのではないかと私は考えました。

訪問の最終日の食事会の席で、「平行と垂直」の授業者の王先生に「あの授業でどれくらいの子ども達が理解できたと思いますか？」と尋ねましたが「100％の子どもが理解したという自信があります」と答えられました。さらに、「日本の先生の授業を参観しての印象はどうでしたか？」とその率直な気持ちを尋ねました。授業の後の正式な協議会の時は、中国の先生方は「子どもの目線に降りて、分かりやすく丁寧に指導しておられる点が素晴らしいです」とか、「子どもの考えをたくさん取り上げていたので子ども達は喜んでいましたね」と無難に評していたのですが、本音の部分をこの席で聴きたいと思ったのでした。やはり、本音は違っていました。「テンポが遅すぎると感じました」と言います。さらに、「テンポの遅さは無責任に繋がります。つまり、学習内容が時間内に、また定められた期間内に終わらないということになるのではないでしょうか」といった厳しい指摘がありました。この指摘を私は真摯に受け止めたいと考えます。私は、現在の日本での算数の授業を多数見る機会のある立場にありますが、確かに「考えること」が大切だと言われています。しかし、例えば、一つの授業で考える場をいくつも設けたり、手掛かりも少なくいきなり一人一人に考えさせたり、教えるべき内容を考えさせたりして、授業の流れにいくつかの堰ができているような感じがする授業にもよく出会うのです。このことは、現在の日本の算数の授業の反省すべき点であると最近考えています。その打開策に一つの示唆を与えているのが中国の算数の授業であると思いました。

私は文部科学省の中央教育審議会の算数数学専門部会の委員をさせていただいていることもあり、最終日に「日本の算数教育の現状と課題」というテーマでミニ講演をさせてもらいました。中国側からも北京教育科学研究院の呉正憲先生から「中国の算数教育の現状と課題」という話を聴かせていただくことができました。呉先生の講演では、中国のこれからの改革の方向を垣間見ることができましたが、その中で「授業中、児童に考える時間を奪わないで、積極的に思考時間を与え、互いに交流する空間を作り、自由な体験をより多くさせる」といったことが挙げられていました。この表現から、改革の方向が日本の算数教育の考え方に近いものに向かっていこうとしていることが分かりました。全貌を知ることはできませんが、中国は日本に、日本は中国に接近しつつあるということが何となく肌で感じられたのです。

その席上の話し合いの中で、私はずばり「上海でも北京でも、中国の子ども達の学習意欲が大変高いと見受けたがその理由はどこにあると考えますか?」という質問をさせていただきました。答えてくれたのは、「昌盛園小学校」の趙先生でした。一つは「各家庭の保護者が愛情を持って子どもを見ていること、そして地域の人々も子ども達を見守っていることにあります」と言います。もう一つは「生活を少しでも良くしていくために学習は欠かせないものであると考えていることですね」と言います。つまり、学習することはより良く生きることと直結していると言うのです。この二つの答えは私なりに納得できるものでありました。家庭というものを大事にするらしい中国、目上の人を大事にするらしい中国のイメージが彷彿としました。また、まだまだ発展途上にある中国のイメージもさらに重なるのでした。もしかして、それらは、今の日本では忘れられているものなのかも知れないと感じました。家庭の崩壊や物質的な豊かさゆえの歪みが子ども達の学習意欲を減退させているのでしょうか。さらに、気に掛かるのは「先生」のことです。中国では、先生と子どもの区別を明確にしているような気がしました。恐らく、推察でありますが、先生と子どもが遊ぶということは余り無いのではないでしょうか。日本はむしろ子どもと一緒に遊ぶことが奨励されています。友達のような、先生と子どもの関係もよく見られます。この辺りの差異がどういう影響をもたらしているのでしょうか。先のアンケート結果で、「先生に好かれる子になりたい」という気持ちに、日中間に大きな差があったことに関係するのでしょうか。まだ、明確な答えは得られていません。

2005年第一回算数交流は上海で行われた。歓迎セレモニー
（上海中遠実験小学校にて）

私自身いろいろな収穫のあった旅でした。しかしながら、まだまだ未知の部分が多々残されています。もし第三回があるなら、次の都市は「重慶」でしょうか？　まだ見ぬ先へ、探究の思いを馳せながら、今回の旅でお世話いただいた方々、また出会ったすべての方々に感謝して筆を置くことにします。

▩中国の小学校事情

元池田市教育委員会教育研究所副所長、現池田市立秦野小学校教頭　谷口徹

「日本朋友算数教学考察団」（以下「考察団」）への参加を打診されたとき、時期が年度末であり、その忙しさを考えると参加に躊躇しましたが、「これも勉強」と思い切って承知しました。私は、一九九二年から三年間、在外教育施設の派遣教員としてブルネイ補習授業校に勤務しましたし、教育委員会青少年課に在任中は、国際交流事業を担当し、二〇〇〇年に北京、二〇〇二年に蘇州・上海へ出張しており、委員会の中では国際通（？）の私に白羽の矢が立ったのかもしれません。

今回の主要目的は、日中の算数・数学の授業交流を通して、両国の授業観・児童観の相違点や共通点を明らかにすることにより、互いの資質向上につなげるとともに両国の友好を深めることでした。また、教育委員会の立場から、中国の教育制度についての情報収集にも大変興味がありました。

一．中国の義務教育について

中国の義務教育は、小学校六年と中学校三年の計九年となっていて、満六歳から入学するとされていますが、一年遅れて入学できること、小中学校そのものは六・三制のほか、五・四制のものが存在すること、小学校卒として中学校への進学をや

めることができるなど中国なりの特徴が見られました。

人口に比例するのも当然ですが、義務教育の規模の大きさはびっくりさせられるものがありました。二〇〇二年現在、小学校への入学率が98％で、在学者数が約一億二千万人、中学校の在学者数は約六千七百万人であるとのこと。ちなみに、二〇〇二年の高等学校在学者数が二千万人で、高校への進学率は43％だそうです。

日本の学習指導要領にあたるのが「九年義務教育全日制小学教学大綱」であり、これに基づいて公教育が行われています。私達が訪問した北京外国語大学附属小学校の教科は、「語文（国語）、数学、英語、音楽、美術、科学、計算机（コンピュータ）、思想品徳（道徳）、形体（ダンス）」であり、放課後はピアノや習字を有料で行っていました。

日本がそうであるように、中国でも時代の流れに沿った教育改革が大きな課題でした。「現行の基礎教育課程は、素質教育を推し進める要望及び時代の変化にはもう対応できない。日進月歩の科学技術の発展と社会の進歩に伴い、現行の基礎教育課程の問題点や弊害が明らかになってきた。経済先進国の国々は教育課程の弊害を反省し、新しい目標を定める場合、いずれも基礎教育課程の改革から始めている。人材育成の目標を設定し、人材育成の方法を考え、人材育成の質を高めているのである。」（北京教育科学研究院の呉正憲先生）との考えから、以下の観点での教育改革が行われています。

①知識を伝承するだけでなく、考え方・態度・興味・意欲の重視（過程重視）

②児童の日常生活に関連した学習内容
③積極的な学習を促すための教科書の工夫（学習方法）
④子どもを尊重し、対話・討論・コミュニケーションの重視（教師と学習者の関係）
⑤ＩＴ機器の活用（教育の情報化）
⑥正解か否かではなく関心・意欲・態度・自信を評価（評価の改革）

現在、日本で行われている教育改革と目指すところは同じであると感じました。

二、中国の学校・授業について

私達が訪問した学校は、北京芳草地小学校・北京大学附属小学校・北京昌平区昌盛園小学校・北京外国語大学附属外国語学校であり、現地の授業参観とともに、日本の教師が算数・数学の授業を中国の子ども達に行い、お互いの授業方法についての検討を行いました。

授業の展開の仕方は、日本と差がなく「課題提示・検証（作業や討論）・発表・まとめ」でしたが、子ども達の集中力や熱心さには学ぶべきところが多くありました。一時間の授業四十分間という限られた時間の中で、実に効率よく流れるように授業が展開されていた背景には、教師の教材研究の深さや子ども達の授業態度の育ちがあります。

授業を見る限り日中の差はさほど感じませんでしたが、教師の社会的立場（地位ではない）に大きな差がありました。日本では、教師が保護者や子ども達とコミュニケーションを取り信頼関係を築きながら教育活動を進めていますが、中国では教師は尊敬の対象であり、保護者からの要望やクレームといったものは一切無いとのこと。休み時間に子ども達と遊ぶことはなく、日本側の授業の中での教師のパフォーマンス（子ども達の興味・関心・集中力を高める取り組み）には、驚きと新鮮さを感じていたようでした。

北京昌平区昌盛園小学校でのこと。業間の休み時間に全校児童が校庭に集まり、体操をします。日本のラジオ体操がイメージされますが、その整列の美しさ・揃った動き・エアロビ的な動きに興味をそそられ、思わず飛び入り参加しました。子ども達は笑顔で迎えてくれましたが、中国教師の複雑な表情が印象的でした。（中国の教師は、子どもと一緒に体操していませんでした。）

交流会の席で、「いじめ・不登校問題はありますか」の問いかけに、中国の教師はきっぱりと「ありません」と答えました。一昔前の日本の教育を思わせるものです。

教師の職階は、校長・副校長・共産党書記・教師で、教師は初級・中級・上級と分かれています。年功・実績によって決まっていくようで、日本でも取り入れている評価育成システムが実施されています。

来年にオリンピックを控えた中国は、今、高度経済成長のまっただ中です。経済のみならず教育の面でも、かつての日本が辿った道を歩んでいるような気がしてなりませんでした。十年後、二十年後の中国の教育がどうなっているのか興味深いところです。

終わりに

今回参加した日本側の教師は算数・数学教育に熱心な若手のグループでしたが、彼らの綿密な教材研究と真摯な研究態度に感銘を受けました。教育の質の高まりは、教員の資質に拠るところが大きいのですが、彼らを見ていると頼もしい限りです。

単なる人と人との交流だけでなく、授業を披露し合い互いに研究する交流が本市でも実現すれば、教員の資質向上に大いに役立っていくことでしょう。

余談ですが、帰国した翌日、池田市立秦野小学校への異動を命じられました。十年ぶりの現場復帰で、熱心な先生方と毎日楽しく仕事に励んでおります。一か月で四kgやせました。

魅入られた授業

豊中市立上野小学校　益川直子

どちらかと言えばそう行きたいと思ったことのない国でしたが、自分の目で見た中国は素晴らしい国でした。今の日本が失いかけているもの、国を愛する気持ちや歴史と伝統を誇る気持ち、そして人と人との温かい繋がりが感じられる国でした。町を歩く人々の顔には希望が見えました。本屋には夜遅くまで多くの人が出入りしていました。勤勉な国民性を感じました。

北京のある小学校で四年生くらいの女の子に「トイレはどこ?」と聞きました。私は中国語ができないので英語です。「ここをまっすぐ行くとあるよ。」とトイレの前まで連れて行ってくれました。たどり着いたのはいいけれど、トイレの個室にドアがなく戸惑う私に、「ここなら見えないよ。」と入り口のドアでちょうど中が見えないようになる場所を教えてくれました。日本の小学生に果たしてこれだけのことができるのかなと日ごろの自分自身の子ども達への指導を振り返りました。相手の立場にたって思いやりを持って行動することは人を深く感動させるものです。私も是非そのような教育を実践したいと思いました。

今回の日中小学校算数教育国際シンポジウムでは、計三本の中国の先生方の授業を見ることができました。ここで少し詳しくご紹介したいと思います。

一．円柱の表面積（六年生）　北京芳草地小学校　辛士紅先生

日本でも円柱は六年生の内容に入っています。立体図・展開図・体積・表面積について学習します。子ども達は表面積がとても苦手です。これはイメージする力が弱いことが原因ではないかと思われますが、中国では立体の切断面まで学習するのかと驚きました。

切断面を学習するには円柱の特徴（底面に対して平行に切断すれば、どこを切っても底面と同じ切断面ができる）をよく理解している必要があります。日ごろの授業の積み上げもあるでしょうが、この一時間で児童に何を理解させたいか、またはどんな力を付けさせたいか、ということが実に明確にされた授業でした。

授業者とも少し話しましたが、問題のポイントを摑《つか》ませるために余分な部分は思いきってカットする工夫がなされていました。はじめ子ども達がまったく紙も鉛筆も使わずに学習しているので、日本では考えられないと思いましたが、ずっと授業を見て行くうちにそのからくりに気付きました。日本では表面積の学習をするとき、その計算の煩雑さに子ども達の多くが躓《つまず》きます。図を見ながら式を立てて計算するものの、幾つかの式を立てることや小数点の掛算が原因で、すぐに嫌になってしまいます。しかしこの授業では半径を1cmに設定することで見事にその問題をクリアし、切断面へ子ども達の意識が集中できるように考えられていました。また切断面については、実際に胡瓜《きゅうり》をナイフで切る活動・円柱の積み木で切断したことで新しくできた面はどこか説明させる活動・ＰＣ画面で切断の前と後の変化を映像で見せるこ

とと、具体物に留まらず、具体物が目の前になくても頭の中で問題場面をイメージできるよう非常に工夫されていました。それを少しずつ条件を変えて何度も一時間の中で繰り返すうちに、はじめはよく分かっていない様子だった子ども達も授業の終わり頃にはすっかり理解するようになっていました。練習量はやはり大切だと思いました。

二．角の認識（二年生）　北京大学附属小学校　何秀雯先生

日本では四年生で学習します。角の概念というのは四年生の児童にとっても、あいまいではっきりと摑むことが難しいというのが私の実感でしたが、二年生の子どもであっても見事に角とは何かということを摑み取ることのできる内容になっていました。

この授業を見て一番に思ったことは、学習の成否を決定するのは児童の実態以上に教師の力量に掛かっているということです。もしもこの先生が私の学校の二年生に、または四年生でもいいのですが、同じ授業を展開したなら、子ども達はどんな反応を示すのだろう？と想像してみました。おそらく日本の子ども達も、角について深く理解し、感動するのではないかと思います。それほどに子ども達の中にしっかりとした概念を打ち立て得る手立てが、授業の中にふんだんに盛り込まれていました。

具体物（三角形のスカーフ）から角はどこかを示す活動・平面の中から角をみつ

ける活動・自分で角を作図する活動・角の大小を比べる活動・辺の長さと角の大小の関係を押さえる活動・立体の中から角をみつける活動と、私が記憶しているだけでもこれだけの活動を四十分という短い時間でこなして行きます。このように聞くと児童の実態を無視して、教師主導で突き進んでしまっているのではないか、という印象を持たれるかもしれませんが、むしろそのペースは小気味良く、子ども達の思考のペースともピッタリと合っていました。

日本の授業は四十五分です。五分短いにも関わらずなぜこれだけの内容を実践し、子ども達にも理解させることができるのかという点について考察してみました。一つは教師の発問の明確性です。教師が発問してから子ども達が活動に入るまでのロスタイムはほとんどありません。またその発問の内容も見事なスモールステップで構成されていて、始めから順番に聞いていれば、迷うことなくついていける内容になっています。もう一つは授業準備の丁寧さです。パソコンで作成された教材の利点はこういうところにあるのだと思いますが、中国の先生は無駄に板書しません。板書はどうでもいいなどとは思いませんが、子どもの集中を持続させるという点では、板書を最低限に押さえることも時に有効であると感じます。さらに画面を見ての学習は受身的ではありますが、学習内容の視覚化という点では非常に効果的です。特に図形などは映像がまるごと脳に入りイメージとして残るので、インパクトが違います。

三．日常生活における負の数（四年生）北京市昌平区昌盛園小学校　趙震先生

日本の小学校では負の数は扱いません。どのように子ども達が理解するのか非常に興味深く見させて頂きました。

中国の先生はどの方もそうですが、教材の研究力が桁はずれに優れています。負の数を扱うということはゼロについても当然扱うわけですが、日本ではあいまいに指導されている部分ではないかと思われます。

授業は身の回りにある事象から正・負の読み方と表記の仕方を押さえるところから始まりました。三つの事象が扱われていましたが、四年生の子ども達にとってよく分かるものでイメージしやすい事象が厳選されていました。

次に正と負の数の歴史資料が提示されました。子ども達は初めて知ることがらに感動し、その日の授業内容に対する興味・関心を増していました。これは日本でももっと取り入れてもいいのではないかと感じました。

そこから児童が具体的な体験を通して概念を打ち立てるステップへと進みました。教材には世界各都市の気温が扱われました。日本でも三年生の理科で温度計を扱います。この時は正の数しか扱わないものの、子ども達は「０《ゼロ》」や「－《マイナス》」にも興味を示します。そう考えると小学校でも負の数を扱っておくのがむしろ自然なのかもしれないと思われます。前方の大きなスクリーンに世界地図と各都市の気温が映し出されるのを見ながら、社会や理科など他の教科の学習内容とからめて理解を深めることの良さを実感しました。きっとこの授業を受けたあとの子ども達は、例えばテ

レビのニュースで天気予報を見るときに、今までとは異なる観点で情報を読み取ることができるようになったのではないかと思います。

ここで単に資料を読み取るだけではなく、実際に温度計を操作させて0度を意識させたことやマイナス五度とマイナス十五度の差について感覚で摑ませたことは見事でした。私達も教材・教具の活用法についてもっと研究する余地があります。

最後に応用問題へと進むわけですが、ここではかなり抽象的な概念も入ってきます。中国の先生は概念をそれぞれの発達段階に応じての導入から、スモールステップを丁寧に積み重ねて、より広義の概念を子ども達の中に打ち立てることに非常に長けています。専門知識と研究実践の積み重ねの差だと思いながら、あのような授業をしてみたいと憧れずにはいられませんでした。

過密スケジュールのために、中国の先生方と直接に交流する機会はあまり有りませんでしたが、彼らは宴会でもさほどお酒を飲まず、食事も口に運ばず、そんなことよりももっと授業のことを教育のことを話し合いたいという姿勢で、その態度に心打たれました。またシンポジウムを通じて、中国の先生方が心を一つにして日々の教育に取り組まれていることや、先生同士の深い繋がりが随所に見られ、授業力や研究力以前に、豊かな人間関係と教育への熱い思いが彼らの原動力になっているように感じました。

日本の教育の課題は山積です。きっとこれからも増え続けるのだと思われます。けれどそれを嘆くのではなく、今できることを地道に積み重ねることが何より大切ではないでしょうか。また日々の仕事に追われるばかりではなく、十年後、二十年後のための研究も少しずつ進めていく必要があるのではないでしょうか。

この本が少しでも多くの教育実践者の目に触れ、出会いの輪が一層広がることを願っています。

彭飛撮影

■日本の授業を再発見

豊中市立庄内小学校　流田賢一

北京大学附属小学校で、李正辰先生の「分数についての再認識」の授業を参観しました。

分数を学習するときには、分数を見て1と比べてどのくらいの大きさなのかを想像できる力が必要であると考えられています。分数と分数の計算ができるだけの子ども達を育てることが目的ではなく、その分数からどのような大きさを想像できるのかを大切にしていきたいと考えています。そのため、今回の中国の先生の授業を興味深く参観させてもらいました。

授業の内容に入る前に、教室の中にある設備に驚きました。それは、各教室にパソコン・プロジェクター・ＯＨＣが常備されていて、必要な時にすぐ使用できる環境にあるということです。そのため、板書は日本の先生よりも少ないように感じました。また、子ども達が考えを発表するときにもＯＨＣを利用して、クラス全体に見えやすいようにと機器を利用した授業となっていることでした。しかし、一時間を通して子ども達の考えが黒板に残らないという問題点もあるように感じました。

授業の内容は、分数の復習の後、子ども達が自分たちで分数を考える活動を始めました。「自分たちでみつけよう。紙を折ったり、自分で図をかいたりしよう。」という先生の投げかけに対して子ども達は、意欲的に作業していたように感じます。
授業の流れは、

①　分数の復習

②　基本の長方形（1）から指示された分数の大きさを考える。

例　基本の長方形を一として、$\frac{1}{4}$の大きさを考える。

③　基本の長方形を指示された分数にみたてて、1の大きさを考える。

例―一　基本の長方形を$\frac{1}{4}$として、1の大きさを考える。

例―二　基本の長方形を$\frac{2}{5}$として、1の大きさを考える。

というものでした。
授業の流れにある②では、子ども達はたくさんの分数を見つけていました。

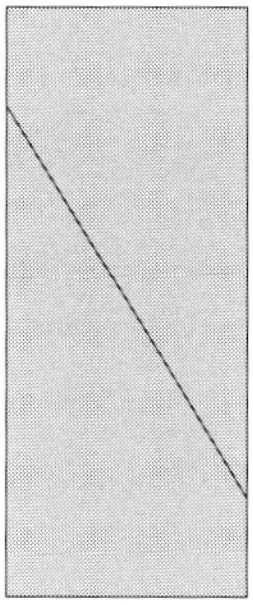

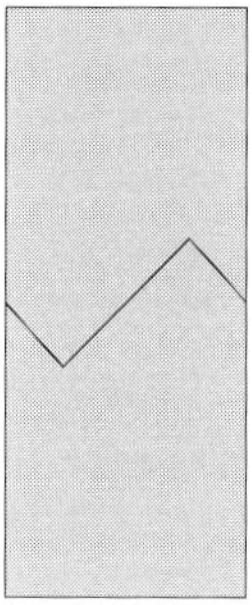

「単純に縦や横に分けていく方法」や「平均的に同じ大きさで分ければいいと復習していたので、面白い形に分けていく方法」をとっている子ども達もいました。
授業の流れにある③では、子ども達は面白い考え方を多くしていました。③は二つの段階に分けられていて、例―一の単位分数の場合には、

子ども達は簡単に元になる1の大きさを考えることができたのですが、例―二の場合には少し苦戦している様子でした。この部分が分数を理解する上で難しいところだと思います。ここのイメージができるようになれば、「分数の計算」や「分数の大小関係をつかむこと」につながっていくと考えます。計算すれば求められますが、柔軟な数感覚を養ってほしいと思っているから、このイメージを大切にしたいと私も考えます。例―一の問いは、省略して例―二の問いについて、子ども達は、②の場合と同様に様々な形を考え出しました。②の場合を少し応用した形や、他にも多くの方法が見られました。今回の中国の先生の授業を参観させていただいて、分数に対する数感覚を柔軟にしていく作業は大切であると感じました。

中国側の先生と日本側の先生の授業では、機器の利用の他にも違うところが幾つかあります。一つは、授業のスピードです。「子ども達がどこまで理解しているのか」、「子ども達の考える時間がどのくらいあるのか」ということの重要さが違う気がしました。日本であれば、教師が発問した後に、子ども達が個人やグループで考える時間を多く取る場合があります。しかし、中国側の授業を見ていると教師と子どもの一対一で行われる授業が殆どであり、そのスピードが速いと感じます。中国側の先生からは、「子ども達は集中しているのである程度は理解している」という回答でした。それに加えて、中国側の先生から授業についての三つの変化が述べられました。

① 子ども達の活動を取り入れるようになりました。

② 学習者を大切にするようになりました。

③ ＩＴ技術を取り入れるようになりました。

日本側の授業で大切にしてきている①の子どもの活動や、②の子ども達（学習者）の呟《つぶや》きを大切にしていくことを中国側も重視していこうとしている点をみると共通点を感じることができました。中国側の授業の良い面を取り入れつつ、日本が昔から大切にしてきている授業方法も、もう一度見直してみると新たな発見もあることを感じさせられました。

■趙震先生の授業「日常生活における負の数」

大阪府河内長野市立千代田小学校　小出一裕

北京市昌平区昌盛園小学校で第四学年対象に行われた授業「日常生活における負の数（趙震先生）」の一コマです。通訳は北京大学の院生・史曼さん。

（先生）正・負の数について、中国では古代から多くの人が注目していました。（スクリーンを指しながら）これを見てください

（アニメでできた負の数の歴史に関するVTRが一分ほど流れます。）

（先生）中国人は、一番早く、正・負の数がわかるようになった人です。二千年も前から中国人は負の数について詳しかった。（VTRには）いろいろな例がありましたが。つまり中国は、欧米より何百年も前から負の数について詳しかったのです。

（生徒）驚きました。中国ではこんなに早くから負の数に詳しいとは。

（生徒）とてもうれしいです。中国の祖先達はとても立派でした。

（先生）拍手をしましょう。

（全員）拍手

この授業から次の三点について考えました。

一点目は、授業にVTRが使われた点です。

この授業では、黒板も使われていましたが、先生が教師用パソコンを操作し、スクリーンに映して進められる場面もありました。パソコンを活用しての授業では、先のＶＴＲの他にエレベーターの画像、練習問題なども準備されていました。その中の練習問題では、まず練習問題をそのまま映し、ワンクリックで答えを表示させる工夫もありました。生徒が書いたプリントをＯＨＣでスクリーンに提示する展開もありました。直接書くことができる黒板のよさを生かす部分では黒板を使い、映像や動きなどができるパソコンの良さを生かす部分ではパソコンを使う。教育機器がうまく活用されていた授業でした。

四つの学校を訪問する機会に恵まれましたが、どの学校にも、普通のように教室の中にプロジェクターとスクリーンが設置されており、パソコンを活用した授業が展開されていました。

二点目は、第四学年に「負の数」を学習させている点です。

試験段階とは伺いましたが、日本の学校では中学校第一学年で導入される内容を、この学校では第四学年で扱っています。三歳も下の学年に「負の数」を教えるわけですから、指導方法は、とても工夫されたものでした。「＋」「－」の用語を教える前に、サッカーの試合、転校生の人数や商売の損得の場面で、「－」の概念を導入し、「－」の記号の必要性を感じさせます。温度計の例を挙げ、「０」の存在に気付かせます。さらに、エレベーターの例から「０」が存在しない場面を理解させます。

このような授業展開をたった四十分で行います。テンポもよく、子ども達も授業に集中しており、またとても意欲的でした。

三点目は、授業の内容の中に、中国の祖先について言及した点です。VTRと先生の言葉で、「負の数」の考え方は、中国が西洋よりも早くに獲得していたことが説明されます。この説明に対して、子どもに意見を求め、さらに祖先に対して授業者と子どもたち皆で拍手をすることを、授業の中に取り入れていました。

このような授業が展開されると、自分の祖先に誇りを持つことができる国民になり、自国を愛することができる国民になるような気がします。教育の場で、このような授業が展開されていることは、衝撃的でした。日本と中国の教育の違いを感じました。

中国の子ども達は、授業が始まる前、椅子に座ったままで、机の上に両腕と上半身をのせ、まるで机の上で寝ているかのような姿で授業開始を待ちます。この姿勢が子ども達を落ち着かせるそうです。日本にいて当たり前と感じていることが、隣の中国を見ることで比較することができます。そして比較することで、より良いものは何かを考えることができます。知ることはとても大切なことだと改めて感じた旅でした。考察団の団員として参加することができたことを幸せに思います。

■『算数』が共通言語になった夜

兵庫県西宮市立小松小学校　木下幸夫

北京で拝見した中国の授業は刺激的でした。流れるような授業テンポ、それに付いていく子ども達。中国の子ども達の眼差しを見ていると、心から教師を信じて授業に参加しているように見えます。素晴らしいことだと思いました。数々の素晴らしい中国の算数授業の中で、私が一番感動したのは趙震先生の『日常生活における負の数』でした。

テンポの速い授業だからといって、趙震先生の授業は知識注入形の（教師からの一方通行の）授業ではありません。子どもの思考を取り上げ、対話する時間が授業の中で確保されていました。趙震先生は準備物も万全です。具体物として教師演示用の大きな「温度計」を出されたり（目盛りの数字をわざと打っていなかったところが、授業展開の中ではきらりと光った演出でした）、パワーポイントで『正負の数・歴史資料』を出されて流れるように知識を与えたりされました。「素晴らしい」と心から感動する授業でした。授業構成・演出が素晴らしい。趙震先生が子ども達を愛されて、算数を通じて子どもを育てたいと考えてらっしゃることが授業から伝わってきました。

日本人団の一行にとっては最後の夜となりました。ご多忙の中（中国には春休みがなく、明日も朝から授業がある日なのです）、中国の先生方も多数会食の席に駆けつけて下さいました。なんと、たまたま同じテーブルに座って下さったのが今日授業をされた趙震先生でした。こんなチャンスはありません。中国語が全く話せない私です。通訳の方に同席して頂きました。趙震先生は最初固い表情をされているようにお見受けしましたが、そうではなかったのです。日本人たちが自分の授業をどう見たかを気にされて緊張されていたのだろうと分かりました。私は、感動したことを素直に、飾らずに申し上げました。趙震先生はとても優しい表情をして下さいました。そこから算数の話題になり趙震先生は熱い眼差しになっていきました。趙震先生は、中国の小学校算数授業の大会で優勝された方だと知りました。納得。それほどの方であっても「自分の授業」に対する意見を欲していらっしゃるのです。

算数教育を通して国際交流をする。算数という共通の視点があるからこそ、この交流が多様な国際理解に広がっていったのだと思いました。とても刺激的な研修旅行となりました。

■交流から得たもの
―中国と日本の小学校算数教育の交流―

北京教育科学研究院　呉正憲《ゴセイケン》、範存麗《ハンソンレイ》
北京大学附属小学校　孫雪琳《ソンセツリン》、田碩《デンセキ》

今回の中日小学校算数教育の交流には北京側も百五十人近くの算数教師が参加しました。国と国を跨ぐありがたい交流で、中国と日本の教師たちにとっても深く印象に残り、とても有意義な交流となりました。

授業の指導計画、カリキュラム、子ども尊重、授業評価、子どもの算数への関心を引き出すことなど、全体からいえば、中国と日本の教育目標は一致していますが、指導の方法において、教師の工夫次第で、より魅力的な授業になることが今回の十三人の先生の授業及び交流を通して分かりました。

今回の交流をきっかけに、今後ともさまざまな形で交流を続けたいと思います。例えば、教具の交流、教材編集プロ同士の交流、授業に使うパワーポイントの交流、問題解決型の授業交流。さらに、例えば、『分数』のような一つのテーマに絞って、中日双方の先生方が工夫した『分数』の提案授業を披露しあえば、議論はもっと活発で、問題点も絞られるものと思います。

両国の教師の往来が不便な場合、教師の優れた提案授業をビデオやＤＶＤにして、交換し交流するのも一つの方法でしょう。交流の形はたくさんあると思います。

今回の中国人と日本人の先生の授業を参観し、まず気付いたことは、教師の役割の違いです。中国人先生の授業は「子ども参加で、先生と子どもを一体とする授業」、でも先生はやはり先生、という点は変わりません。しかし、日本人先生の授業を参観すると、「先生」というよりも「子どもの友達」のような印象が強いのです。先生と子どもは対等な立場にあり、子どもの立場に立って、場合によっては子どものような表情や仕種《しぐさ》をするように工夫しています。その情熱はすごい。男性の先生もはにかむことなく、子どもと楽しくゲームし、遊びながら教えていることに驚きました。

日本の算数教材の編集もすばらしい。物語の本のようで、児童に受けるように色々と工夫されていることが分かりました。日本人の先生との交流でもう一つ印象深かったのは、教員の学歴です。大学院を出た先生が多いことに驚きました。また算数以外の教科も担当しなければならないので、色々と勉強しなければならないでしょう。

今回の中国人教師の教案から、その目標は知識・技能の理解と習得→数学化の過程と方法の体験→情感・態度と価値観。分かりやすくいえば、主流はやはり知識、技能、模倣と間接体験、という教育理念です。中国の算数教育は次のステップアップをするため、基礎知識を固めるよう、試験という手段をとって基礎知識の獲得を確認するという傾向があります。強いていえば、高技能の算数教育の人材を育成するプログラムです。そのため、同じ一時間の授業でも、中国のほうが教える密度が高い。

中国でも算数の授業以外で算数への興味をもたせる活動もあり、ゲームを通しながら学び、算数的な興味を引き出すようにもしていますが、正規の授業の中で、いかに算数自体への興味を引き出し、自主的な学習と探究、実践力、創造性、問題解決能力を高めるかが、現場の先生の真剣に考えている課題です。これは世界的な課題でもあり、今後とも国際交流を通して、多くの外国の経験に学ぼうと思います。

■忘れがたき交流

北京市昌平区昌盛園小学校　趙《チョウ》　震《シン》

二〇〇七年三月二十六日、私は中国側の授業者として、日本からの三十人を超える教師と交流できました。これは私自身、初めての外国の教師との交流であり、これまでの算数授業研究とは異なる収穫を得ました。

（一）佐藤学先生の「かがみをつかって」の授業

児童の算数への関心を引き出し、実践で自主探究、交流の過程で知識を得ることは、世界中の算数教師の課題です。佐藤学先生の「かがみをつかって」の授業は、子どもに参加を促す、素晴らしい試みです。

①面白い授業内容、楽しく教える

この授業は日常、よく使われる鏡を用いて、ドット図の数の変化をめぐって、児童に考えさせる問題解決型の授業です。僅か四十分で、八歳の児童はドット図の対称性を理解し、対称の美、算数の美をおのずと理解できるようになります。

②児童参加型の生き生きとした授業

授業中、佐藤先生はよく動き、異なるドット数を確認するために、たえず鏡の位置を動かし、子どもを楽しませました。ことばの壁はありますが、佐藤先生は情熱に溢れ、全身を使って、身振り手振り、もう殆ど踊っているではありませんか。まるで子ども達がよく知っているお兄さんのような存在です。先生の情熱あふれる授業で子どもたちはゲーム的な授業に夢中になり、真剣に問題を考えていました。この授業を見て教師の役割を考えさせられました。

（二）教室を拠点に、授業の有効性を着実に高める

その日の午後、中日の算数教師たちは一堂に会して、教育現場で考えていること、悩んでいることについて具体的な内容にわたって交流しました。交流を通して中日小学校の算数教育における共通点が多いことが分かりました。また、議論を通して小学校算数教育への理解を深めることができました。

みんな、ことばの壁を乗り越え、お互いに授業内容の組合せ、授業目標の実現、教師の役割、授業方式の変革などについて議論し、自分の研究成果を紹介したりしました。「算数教育に国境なし」を痛感しました。

交流はあっという間に終わりましたが、そのときの交流はありありと目に浮かんできます。今後とも交流しあって、よい授業を開発し、多くの児童によい授業をしましょう。

情熱の架け橋

芳草地小学校　李《リ》麗紅《レイコウ》、王《オウ》　薏《イ》

本校の在校児童数は三三〇八名、そのうち韓国、日本、アメリカ、モンゴル、イギリスなど外国籍の児童は八百人余りいます。

三月二十六日、日本からはるばる来られた小学校の先生たちを迎えました。本校の学校の先生の授業を聞くだけではなく、日本人先生も素晴らしい授業をしてくださいました。皆本当に嬉しく思いました。

子ども達は日本人先生のユーモアに惹き付けられ、皆「授業はとても楽しかった」と言っています。河内尚和先生と関忠和先生の「面積（広さ）の比較」の授業で使われた教具「パターンブロック」（東洋館出版社）をいただき、本当にありがとうございました。渡辺信行先生の「円」の授業では、子ども達の身近なものから着手し、「円」が我々の生活の中にあることを子ども達に理解させてくれました。子ども達の算数学習の意欲を引き出し、そして討論に参加させる点は印象的でした。

本校の国内部の王薏先生と国際部の辛士紅先生の授業についても少し感想を書きます。

王薏先生の「垂直と平行」（四年生）の授業の工夫は、日常生活で見られる「垂直と平行」の現象を子どもに見付けさせ、持っている知識をこの授業の基礎とする狙いが見られます。グループ討論で二本の直線が交わるとき、一つが直角の場合、その他の三つの角も直角について、様々な理解があり、子ども達にいろいろな考えを発表させたところは面白かったと思います。

国際部の辛士紅先生は六年生の「円柱の表面積」の授業でもグループ討論を導入し、効果的でした。円柱の切断と合体によって円柱の表面積の変化が起こることを、子どもは最初理解しにくいようでしたが、辛士紅先生の工夫で次第に理解してゆきました。

授業後、両国の先生は予定の時間をオーバーしてディスカッションし、互いに小学校算数教育の考え方について話し合いました。半日の交流は本当に短く、もっと議論したいことが多くありました。双方とも物足りない感じでした。このような交流をもっと増やして欲しいと期待しています。

今回の中日算数教育の国際交流は中日の算数先生が学習しあうことで、お互いに交流する架け橋をかけてくれたと思います。国境を越えた交流ができました。日本人先生の授業を参観でき、日本の小学校算数教育の個性化、グループ討論、実践重視が分かりました。何よりも日本人先生が算数教育研究に情熱的ということに感心しました。男性の先生が教室で我を忘れ、子ども達と楽しくゲームをし、子どもと一体化する授業は、本当に素晴らしかったのです。

芳草地小学校写真提供

■違いから考えさせられたこと

北京大学附属小学校　田《デン》　碩《セキ》

北京で川崎庸右先生の「SUDOKU（数独）」の授業を参観したおかげで、私も個人的に「SUDOKU（数独）」への情熱が燃えてきました。前から「SUDOKU」ブームの話を聞いていましたが、私自身が夢中になったのはこの授業を参観してからです。

今回の日中小学校算数国際シンポジウムの教案を見て、次のことを考えました。日本側の指導案の目標設定は①興味、情熱、態度、②数学的思考、③表現、処理、④知識、理解。中国側の教案（指導案のこと）の目標設定は①知識と技能、②過程と方法、③情感、態度と価値観。内容から見れば、双方の目標は一致しています。日本側の「表現と処理（③）、数学的思考（②）」の目標は中国側の「過程と方法（②）」の目標と同様です。異なるのは順序の違いです。日本側の「知識と理解（④）」と中国側の「情感と態度（③）」の順序の違いで、主と従の関係が変わってきます。この違いは授業理念の違いなのでしょうか、考えさせられました。

さきほど娘と一緒にお風呂に入りました。お風呂に入りながらこのことも考えていました。娘はまだ一歳未満。私が娘を風呂に入れる目的は明確で、娘の体をきれいにすることにあります。夫が娘を風呂に入れる目的は水で遊ばせ楽しませることです。私が娘を風呂に入れると、娘は騒ぎ、泣くときもあります。ちょっと洗っただけですぐ風呂から出たがります。一方、夫は子どもを風呂に入れる前に、まず水で遊ばせ、水をかけ、しかもおもちゃも入れて遊ばせます。子どもは楽しく遊び、そして体もきれいに洗って、風呂から上がります。

よく考えれば、授業も同様です。われわれは子どもの感受性をもっと尊重すべきではないかと思います。子どもの学習に対する興味と学習に対する情熱を引き出すことを第一に考え、学習すると同時に問題解決と知識理解の能力を高めさせます。「SUDOKU」の授業は子どものロジック的な思考能力と言語表現の能力を高めるよい授業だと思います。「20をつかめ」の授業は子どもの数学的な思考力の育成にとてもよい授業です。お二人とも授業で一つのゲーム、生活の現象の数学を通して教えているのが特徴です。正規の授業以外の授業とされるかもしれません。明確な結論を出さないまま授業を終わらせるかもしれません。しかし、子ども達には深い印象を与え、惹きつける力がすごい!!。

今回の交流の収穫は大きい。日本側と中国側の双方の授業は素晴らしい。違いは少しありますが、そこからも考えさせられる。これがもう一つの大きな収穫です。

■授業交流は宝物

北京教育科学研究院（国際交流担当）張婷婷《チョウテイテイ》

今回四十人近くの日本からの教育関係者をお世話すると聞いて、最初はすごくプレッシャーを感じました。私自身まだ若く、このような交流を担当した経験がなかったからです。今回の交流の最も大きな特徴は、大ホールを借りて机上の空論をするシンポジウムではなく、教室に入り、双方の提案授業を参観して討論するシンポジウムです。簡単そうで、簡単ではない算数授業の抱えている課題を、両国の第一線の現場の先生が真剣に議論し、中日の小学校算数授業の交流を促進させ、大きな意義を持つものだと思います。大成功でホッとしました。第一線の現場の先生に役立ち、このようなユニークな授業共同研究を中心とする国際交流は、北京でも初めてのことであり、今後の国際交流の良いモデルにもなります。

中国の小学校は単科制で、算数の先生は算数授業だけでよい。しかし、日本の算数の先生は算数以外、様々な授業を受け持つそうで驚きました。中国は単科制なので、算数部だと、先生たちは共同で授業の準備（中国語では「集体備課」という）をすることが多い。一方、日本人の先生はたくさんの授業を受け持つので、時間的にも「集体備課」は不可能に近いようです。

最も印象に残ったのは日本の算数教科書。生き生きとした、カラフルな教材で、まるで絵本のようです。この点、中国の算数教材のレイアウトはもっと工夫すべきだと思います。また、今回の日本人先生の授業はゲームを通して児童の算数への関心を惹き出す提案授業がいずれも魅力的でした。日本と比べて中国の算数授業の進め方が結構早いことも分かりました。

中国ではflash player、パワーポイントを使って授業するのが主流となっていますが、日本側はもっと普通の、原始的な教具を用いることが多いことに驚きました。指を動かし計算するとか、積み木とか、鏡などを用いるのが逆に新鮮に見えました。

今回、日本人先生と中国人先生の素晴らしい算数提案授業をたくさん見学して堪能し、本当に「小小一節課，内容無限大」（簡単な算数の授業だが、その世界は奥深い）。教育学、カリキュラム学、心理学、徳育など多方面にわたることが、教師の素質・授業力に大きく係わるのだと痛感しました。良い授業は本当に記憶に残るものです。生徒の表情からも伺えます。授業が終わっても子ども達がまだ続けて欲しいという表情ばかりでした。

今度の交流で記憶に残る感動的なシーンが非常に多くありました。例えば、堀俊一校長先生は北京大学附属小学校で授業をなされたとき、黒板にきれいな中国語を書いて自己紹介と今回訪問の意義を語りました。その時、日中双方の先生たちは皆驚き、大きな拍手を送りました。お尋ねすると、出発する前に中国語のできる先生に特訓してもらったそうです。

今回の有意義な国際交流は宝物として珍蔵するに値します。国際交流のモデルの

北京芳草地小学校にて

一つとして記録され、広がっていくに違いありません。また近い将来、多くの方々にこのような交流にご参加いただくことにより、多くの第一線の現場の先生や子ども達も多くの収穫を得ることができるだろうと思います。

第四節　北京の学校・北京の子ども

■自然な笑顔、爽やかな挨拶

堺市立三国丘小学校　田中康予
堺市立竹城台小学校　阪上瑞穂
堺市立高倉台小学校　矢野恵子

中国の子ども達

私たちが中国の小学校を訪問して、特に印象に残っているのは、どの子も気持ちよく挨拶してくれることでした。握手を求めてくる子もいましたし、運動場から大きく手を振ってくれる男の子もいました。その子その子の自然な笑顔と一緒に、爽やかな挨拶をしてくれました。

中国の小学校を初めて訪問する私たちは、体がカチコチになるほど緊張していたのですが、その挨拶のおかげで、何だかホッとして、あったかい気持ちになりました。はるばる遠いところからやってきた、という心の距離が一気に縮まり、いつものような、日本の子ども達と接しているような気持ちでした。言葉は違えど、挨拶一つで心が通じ合ったように感じた一時《ひととき》でした。

挨拶一つで心が通い合う。人と人が繋がる。言葉の通じない国だからこそ、私たちが改めて気付けたことでした。心が通い合うような素敵な挨拶を日頃から心がけたいものです。そんなことを、中国の子ども達に微笑み返しながら、ふと思ったのでした。

趙震先生の授業についての感想

このたび、北京市昌平区昌盛園小学校で、趙震先生の「日常生活における負の数」の授業を参観しました。趙先生の授業では、子ども達がとても算数を楽しんでいるという印象を受けました。特にそう感じたのは、サッカーの試合の得失点の表などを完成させる活動でした。子ども達は、文字を使ったり、矢印で表してみたり、表情のイラストを描いてみたりと、それぞれ工夫を凝らしながら課題に取り組んでいました。

趙先生は、その反応を「創造性に富んでいる」と誉めたうえで、「もっと数学的なものを使えないか」と投げかけ、〔＋〕と〔－〕を使えばよいと導いていきました。

私たちは、中国の授業は「とてもテンポが速い」と聞いていたので、おそらく一問一答形式の画一的なものだろうと思っていたのですが、この場面を見て、中国の授業に対するイメージが変わりました。普段から子どもの多様な考えを引き出すような授業をしていなければ、このような様々な表現は出て来ないのではないでしょうか。そのことから、〝子ども主体〟という点では、中国でも日本でも目指しているものは同じであると感じました。

日本朋友数学教学考察団同行私記

（株）新興出版社啓林館　原野圭司

このたびの日本朋友数学教学考察団の北京視察は土曜日をスタートに五日間の旅で、ご一緒させていただきました。観光と学習が朝から晩までみっちり詰まったスケジュールで充実した内容でした。この旅を企画され、手配された両国の先生たちと関係者のご苦労とご努力に敬意を表する次第です。私にとりまして初めての中国旅行でありましたので、興味と関心が強く、期待と感動を求めて見学・視察に望んでおりました。両国の先生たちの授業に対する取り組みは、事前の準備も十分されており、現地での提案授業も真剣そのものであり、その研究熱心さには頭の下がる思いでありました。

私はことばができないため、子ども達と、先生たちの動きを眺めながら心の中を推し量るのみの行動となりましたが、先生たちは指導教具を通して、子ども達への発問で、子ども達の反応に相通じるものがあったのではないかと理解しているところです。

私は日本の先生による教具を使った「広さの比較」、身の回り品を使った「円」、画面を使った「角の和」、「20をつかめ」、「鏡をつかって」、中国の先生による子どものネッカチーフ（三角巾）を使った「角の認識」の授業を参観しました。

中国の先生は子ども達に積極的に発言させるように発問して、登壇させて子ども達の前で発表させることに努力しているように見えました。日本の先生は子ども達の反応から理解の程度を推し量りながら授業を進める手法を取っておられました。どちらが正しいかは別として、ことばと教材教具をどう使いこなすかが先生の知力と技能であると思いました。どこの国も子ども達の教育は最大限重要視しており、将来の国づくりの観点からも手の抜けないところと思います。

最初に訪問した北京市国際芸術学校では雑技団としての技術の訓練のほかに、主要な教科の学習が義務付けられているようで、その学習場面を参観しました。どの子どもも熱心に勉強しており、技の習得だけでなく知識とそれを生かす能力の開発が必要であると承知しているようです。

次に訪問した芳草地小学校（朝陽区）、昌盛園小学校（昌平区）は大規模校（二千名以上）で一クラス五十名位の生徒がおり、先生は専科制で受け持っていました。ここでも子ども達の学習意欲を強く感じました。追いつけ追い越せの姿勢が伺えました。国（党）や親の意向が反映しているものと思われます。

北京外国語大学附属外国語学校で持たれた北京教育科学研究院の呉正憲先生（小学校数学研究室長）と小西豊文先生の数学教育の現状についてのそれぞれの基調講演とその後の意見交換を聞きました。

中国の広大な国土（日本の二十六倍）と膨大な人口（日本の十倍）を思いやりながら、彼らの思考と行動のスケールの大きさと、それを纏めていくには思想と規律が重要な役割を果たしているように感じました。

　国を治める思想と規律とは別に、世界の潮流の中での現実的な対応として、一国二制度ということで歩んでいる柔軟性には恐れ入りました。発展途上にあるということの国が頂点に近づいた時のことを思うとき、東西の二大超大国に挟まれるわが国はどう考えて、どう歩んでいくべきなのでしょうか。過去の歴史がそうであるように文化は西から東へ移行するのでしょうか。経済だけが東から西へ動くのでしょうか。帰国してから調べた北京市の人口は約一四五〇万人、上海市は約一三五〇万人ということでしたが、あとで聞くと、北京も上海も一八〇〇万人以上になっています。一〇〇〇万人を超える都市がゴロゴロしているという理解でよいのでしょうか。これからも勉強していきたいと思っています。合わせて中国語も。

中国の小学校に日本の算数教科書を

■芳草地小学校で学んだこと

元高校副校長、現堺市赤坂台連合自治会会長　名越英治

私にとって五回目となる今回の北京行きは、事前に送付された「古都・北京をたずねて」の小冊子の表紙書きから受ける早春の古都観光とは異なる企画で、「日中友好教育・文化交流団」ともいえる日中小学校算数教育研修参加の先生方と、桂小米朝さんによる落語交流会一行による二つのグループをコアにした旅行団でした。この旅行団の一人として参加したものの、当初は自らの研修・見学の視点が定まらぬ妙な立場のまま、旅なれた女房殿にくっ付いて、久し振りに北京旅行を楽しもうと気軽な気分で参加しました。

そうは言っても内心では、急激な経済発展を背景に地域変貌を遂げている中国の現状を、今回の北京訪問で実感してみたい思惑がありました。元地理教師の立場から「北京の地域変貌」を景観地理学的見地に立って、街並みや道路網等に残る歴史的な景観（残象）、現在もっとも顕著な街の景観（顕象）、北京の未来の兆しが感じられる景観（初象）をバスの車窓や、見学地・訪問先の近辺でも、様々な事象を捉えることができるだろうと密かに期待していたのですが、スケジュール的にそんな期待はすっ飛んでしまい、日々の旅程の与えられた役割分担を、女房殿にリードされながら消化するのに精一杯でした。

そんな中、班行動が小米朝さん一行と一緒であったことから、北京大学と在中国日本国大使館大使公邸での落語会で、垣間見られる師匠の芸に対する真剣な取り組み・準備には、プロは違うなあと感心させられました。落語の会と小米朝さんのことは女房殿に譲って、こちらは三月二十六日（月曜日）、芳草地小学校を訪問した時に大変感心させられたことを、書き記しておきます。

まず驚いたのは、芳草地小学校の佇まいが、以前訪れた市内の小学校とは大きく異なり、明るく清潔感溢れるもので、校舎や教育施設等すべてが立派であったことです。

しかし、かつて文部省（現文部科学省）海外教育研修で訪れた各国では、いずれも地域の中で教育環境の整った、ユニークな教育実践が行われている学校ばかりを見学してきたこともあり、今回の小学校も北京市内の中では恵まれた施設を備えた学校の一つであろうとは思いましたが、急成長を続ける経済発展を背景に、教育に力を注いでいる様を目の当たりしたというのが実感です。今回の訪問校には、在留外国人子弟も通学しており、われわれを出迎えて、校舎内を案内してくれた日本人の子ども達の明るい態度や礼儀正しい応対には心が洗われました。留学生の学習棟内で施設や授業風景を見学した後、中国の子ども達の教室の授業等も見学しましたが、いずれの教室で、教師や子ども達がチョークで書いた黒板の文字が一字一字〝止《と》め〟と〝撥《は》ね〟がしっかりとできていること、教室の背後の黒板に生徒が書いたと思われる連絡事項や標語の文字、また授業中に覗いた生徒たちのノートに書かれていた文字にも〝止め〟と〝撥ね〟が正しくできていることの驚きは、今回の旅行でもっとも大きな発見であり、漢字の国中国は、なるほど違うものだと深く感心させられた出来事でした。振り返って自ら長い間書いてきた文字に、果たしてどれだけ〝止め〟と〝撥ね〟を意識していたかを思うと、汗顔の至りである。今回の学校見学は、古希に至るまで疎《おろそ》かにしてきたことを再び学ぶ、よい機会を与えてくれたと感謝しています。

その反省に立って、それ以後は女房殿との毎日の連絡メモとして、折込み広告紙の裏面に筆ペンで伝言文を書きとめる際には〝止め〟と〝撥ね〟を意識下に置いています。

今回の北京訪問は、小学生たちの黒板書きやノートの文字から受けた、この鮮やかで爽やかな驚きの一時《ひととき》がもっとも印象深いものとなりました。小学生の皆さん有難う。

北京の学校に日本の本を贈る

ニューラクダ書店会長　松竹　毅
社長　松竹栄子

今回、北京大学日本語学部で日本の「国語辞典」を謹呈させていただきました。また、北京外国語大学附属外国語学校小学部に日本語学級が近い将来できるというので、日本昔話（一～六年生各学年集）と子ども達に好まれる定番の童話と童謡の本などを謹呈させていただきました。日本をより知ってもらえれば嬉しく思います。

北京の郊外にある昌平区の昌盛園小学校では、とても関心を抱いていた中国人と日本人の先生の数学の授業を参観しました。

授業が始まる前に、北京の子ども達は漢詩を暗唱するのです。手を上げ先生に指された生徒がまず一文を音読するとクラス全員が声を揃えて読み、コーラスリーディングをしていくうちに諳《そら》んじてしまい朗々と暗唱できるようになるのですね。お尋ねしなかったんですが、一年生から先生の範読で学んでいるのでしょうか？歴史があり伝統があると聞いた事はありますが、本当に驚きました。授業中、生徒さん達は活き活きとして元気よく姿勢もとてもよく、真剣な態度だと感心しました。

日本でも明治の頃、四、五歳になったら『論語』の素読《そどく》をしていたとか、意味が分かろうが、分かるまいが、音読をして単語そのものを覚えてしまううちに思考力も付くのだと言われていたのに、いつの頃からなくなったのでしょうか？

中国人の趙震先生の「日常生活における負の数」の授業では、生徒たちが楽しく学んでいるように感じました。佐藤学先生の「かがみをつかって」の授業はとても分かりやすく、やはり楽しい雰囲気で子ども達が元気よく挙手していた様子は印象的でした。生徒たちはこのような立派な先生方に教えていただけて幸せだと思いました。中国語では「相互切磋、共同提高」（お互いに交流し、共にレベルアップする）といわれる、とてもよい交流でした。

朝の決まった時間に校庭で国旗を掲揚し、国歌を斉唱する、よく聞き取れなかったのですが、朝礼のようなことをすべて子ども達が行っています。中国ではどこの学校でもこのようにしているのでしょうか？　お父さんのお仕事の関係で北京に在住の日本の子どもさん達にも色々と案内していただき、礼儀正しく親切で本当に嬉しく思いました。

北京大学の売店で孫のお土産にオリンピックのキーホルダーを買い、またそこで量り売りのゴマ入り煎餅《せんべい》とピーナツ入りのお煎餅《せんべい》を買い大変美味しかったのですが、時間が無くて、もっと沢山買って味わってもらえればよかったのにと、後になって残念に思うことでした。北京大学はとても広くて十分に見ることができなかったのですが、帰る間際に走るようにして校内にある未名湖へ行けた事は本当に良い想い出になりました。

■教室が劇場になる！

有限会社カヤ社長　平井良信

一昨年の上海に続き、今回は北京です。前回の上海ではいろんな意味で圧倒されたので、今回の北京では何が待ち受けているのか大変楽しみな五日間でした。

初日、北京国際空港に着いてからいきなり訪問したのが、北京市国際芸術学校。雑技の練習を見せていただき驚きました。まだ幼さの残る子どもがすごい技を次から次へと繰り広げていて、プロの領域かと思われます。しかし、別の校舎ではちゃんと教科学習も行われていて、日本では考えられない教育環境です。いわゆる義務教育から特殊技能を盛り込んだ教育を行う学校ということなのです。その道の技能者を小さいときから育むということではこの方法も有効かとは思われます。

三日目と四日目に芳草地小学校（北京市朝陽区）、北京大学附属小学校（北京市海淀区）昌平区昌盛園小学校（北京市昌平区）、北京外国語大学附属外国語学校を訪問。

上海と同じくどの学校も綺麗でよく整備されていました。もちろん各教室ではコンピュータとＯＨＣ、プロジェクターが整っていました。

また、各先生が自作された教材（パワーポイント、flash等で制作）で授業が進みます。それはおそらく試行錯誤を経て研究され尽くしたものなのでしょう。自信に溢れた先生の表情から読みとれます。

やはり授業はテンポが良くどんどん進みます。だらっとした「間」がないのです。上海の小学校でも感じたのですが、事前にシナリオがありリハーサルを繰り返した舞台劇を思わせます。じつは二年前からずっと考えています。日本の小学校の授業を参観する機会もあって同じ感じを受けることが偶《たま》にあります。

それは、教師と子ども、子ども同士が真摯に学び合う関係があるときなのです。違った表現をすると、それは教師と子どもの気持ちが緊張感を持ちながらお互いの思いが交流する（ぶつかり合う）時なのです。先生が読んだ展開を子どもがよい形で裏切る時、つまり先生が予測した子どもの考えの方向が思わぬ方向に向かい先生が感動する、そんな時なのです。その感動は先生と子どもだけでなく、子どもと子どもにも起こります。そして、その体感を先生と子どもが共有しているから。これは先生と子どもの良好な信頼関係が前提としてないと成り立ちません。

比喩的にシナリオがあるのではと言いましたが、逆に日々教室で起こっていることは「シナリオがないドラマ」なのかも知れません。

また、写真を撮るためにファインダーを覗いていて感じるのは先生の表情の豊かさです。中国語は全く理解できないのですがその表情に魅せられます。一本調子ではなく、起伏があり強弱がある。まるで京劇を見ているようです（実は私は見たことがありませんが）。歌舞伎にある「見得を切る」そんな感じもあります。

最後に北京の印象を。どうしても二年前に訪問した上海と較べてしまうのですが、北京は街自体が広く上海ほど過密ではなく高層ビル群も少なく都会らしさを感じませんでした。それから、北京の人たちとの触れ合いがあったわけではありませんが、少しよそよそしさも感じました。それは商業の街上海の人なつっこさと較べてです。北京は役人の街なのかサービス精神が足りないのではと感じました。それとも私の大阪でのいつもの乗りが浮いていたのか……。また、どの観光地に行っても中国の地方から訪れてくる人の多さには驚きました。観光地で一番印象的だったのはやはり万里の長城です。その雄大さとこの長城を作りあげたその当時の人々に想いを馳せて暫し感動に浸りました。

今回の北京五日間は団員の中にも出会いがあり、いろんな処も見て食べて話して、驚きもあり、発見もありました。このような出会いの機会を作って頂いた方々、通訳の方々、更に訪問した学校等の先生方子や子どもの皆さん更に関係者の方々にお礼を申し上げます。万里の長城にも……

北京市国際芸術学校にて

中国旅行を終えて、感じたもの・見えてきたもの

大阪教育大学附属池田小学校　竹本和哉

初めての中国への旅行。行く前から、そわそわしていました。今回の旅行で、いろいろな小学校をめぐり、観光地を訪問し充実した日々を過ごすことができました。

本来であれば、算数のことについて書かなければいけないような気がしますが、ここでは、「中国旅行を終えて、感じたもの・見えてきたもの」と題して、中国の国を見て、肌で感じたことを少し語りたいと思います。

私自身、アジア旅行というと、インドネシア（バリ島）・韓国・台湾に続き四回目の訪問となります。それぞれの国を訪問した時には、その国の文化に触れ、歴史に触れることができました。今回の中国は、もちろん歴史の長い国であり、個人的には興味関心がありました。よって、今回の訪問は、生の中国を感じるよい機会になりました。

戦後の日本と中国を比べると、数十年前、私が小学生であったころの社会の学習では、経済界において、日本はアジアの国々の中ではナンバーワンであり、世界の国々の中でも上位であることを、学びました。どことなく誇らしく思ったのを今でも覚えています。自分が築き上げたわけではなく、もちろん先輩方の功績ではありますが…。その後の一九八〇年代は、高度経済成長を遂げた日本がバブル経済に踊

らされていた時期です。今の日本というと、どことなく、疲弊した雰囲気が漂っているような気がします。

昨今アジアの国々の発展の様子は、マスメディアなどからの情報で知ることができますが、実際に現地に旅行をして分かることの方が多い。ウサギとカメの話に例えるならば、戦後、日本がウサギのように走り抜け、豊かさを求め、一人一人が前向きに進んでいたであろう時代の横を、カメのように少しずつ前に進みながら発展を遂げてきた中国が、追いつき追い越せで、今や日本を上回る勢いで発展している。一昔前の日本の姿を見ているような気がしました。

最初に中国に降り立った時は、あまり感じませんでしたが、天安門広場を訪問したとき、何か違和感を覚えました。それは、「自由な雰囲気」があったことです。中国というと、社会主義国であり、どことなく束縛されているイメージがありました。一昔前の中国の姿なのかも知れませんが、自分の頭の中では、今でもそのようなイメージを持っていました。

しかしながら、現実は違っていました。天安門に行ってみると、そこは、人、人、人。人々で溢れかえっているではありませんか。しかも、中国の人たちで…。天安門といえども、来ている人たちは外国人観光客ぐらいで、兵士たちがうろうろしている姿を想像していた私にとっては、意外な風景が展開していたのでした。人々は和やかな雰囲気の中で、笑顔にあふれ、自由に観光を楽しんでいる様子でした。開放路線をひた走る中国の現実をここでも目の当たりにしたような気がしました。

ソ連や東ドイツの崩壊を見てきた私としては、昔、社会主義国とは何ぞやと考えた時がありました。自分自身が資本主義をすべて肯定しているわけではないので、社会主義については、興味がありました。人々にとっての理想郷なのか。思想はよくても、そこには人間というものが関与する以上、そう簡単には、ものごとはうまく運ばないような気がしていました。中国はその点、うまく資本主義の要素を取り入れているような気がします。

また、驚いたことがありました。それは、自動車があふれかえっていたことです。私の頭の中では、中国＝大量の自転車という等式が成立していたのです。しかし、今の中国、少なくとも北京市内は、中国＝大量の自動車の等式が成り立っていたのでした。道路を見てみますと、自転車専用道らしきものがあり、その道は普通の車道と肩を並べるぐらいの幅がありました。でも、自転車の数は…。昔は、自転車であふれかえっていたのだなあと郷愁の思いで見つめてしまいました。自転車好きの私としては、この広々とした道を、疾走してみたいと思ってしまいました。

今回、北京市内にある小学校を訪問させていただきました。まず驚いたのは学校の環境です。私が持っていた中国のイメージは、どちらかというと戦後の日本と同じで、全体的に物資が不足し、教育環境も整備されず、教育水準もまだまだ低いレベルにあるものだとの先入観がありました。

ところがです、今回訪問した学校は、私の予想をはるかに超える環境でした。もちろん訪問した学校を見て、中国全土が進んでいるとは思わないですが、少なくとも、自分自身が持っていた中国に対する見方が変わりました。授業風景を見ていても、熱心に子どもと向き合う先生。一生懸命、課題に取り組む小学生。パソコンなどのＩＴ機器を活用した授業。活気あふれる先生と子どもとのやりとり等々。なにか教師と子ども達が、一つの目標に向かって進んでいるような、そんな感じがしました。まさに、戦後、日本が歩んできた高度経済成長時代と重なる部分があるのではないでしょうか。

現在、中国の経済はめざましく発展しています。もちろん、経済が成長する上では、資金や設備などのハード面も重要な要素ですが、より上を目指そうとする気持ち、すなわち、人間のモチベーションや向上心が原動力になりえるのではないかと痛切に感じました。そういう意味で、教育の持つ意味は大きく、何かを学ぼうとする意欲関心は自分の将来に直結するとしたら、それだけ、学習に対しても前向きに取り組むことができるのではないでしょうか。中国の子ども達に、将来の夢について尋ねる機会はありませんでしたが、もし問いかけたとしたら、いろいろな夢を語ってくれたことでしょう。今の日本の姿が混沌としたもので、先が見えない時代に入ってきたからこそ、これからの中国の発展は、まさに日本にとって今一度、自分の国を見つめ直す良い機会を与えてくれているのではないでしょうか。

今回の旅行の目的は、算数研究の一環として小学校を訪問し、授業参観をすることでした。いろいろな先生方の授業をみせていただきました。中国の先生方の授業は、どの先生方も、授業の構成やＩＴ機器の活用など、子どもが興味関心を持ちゃ

すいような工夫が随所に見られました。また、日本の先生方の授業は、異国の地という難しさの中で、日本での実践を具現化され、中国の子ども達に、日本の算数を示されていたと思いました。

また、今回はいろいろな観光地にも行きました。特に万里の長城では、悠久からの中国の歴史を肌で感じることができました。この建造物が、太古の人々の力で造り上げられたものであることを。中国四千年の歴史のすごさだと、つくづく思いました。

■次世代の日中友好の頼もしい担い手たち

追手門学院小学校　川崎庸右

第一日目　二〇〇七年三月二十四日（土）

天安門見学。ワクワクドキドキ。「ここが天安門かー」天安門は、思ったとおり大きくて、天安門広場には人が溢れていました。天安門の上に登ると広場が一望できます。視界が驚くほど広くて皇帝の気分になりました。上がる前のボディーチェックで、なぜか流田先生が「ひゃ！」と変な声を上げて喜んでいました。

夜は夕食の後、劇場で昼間に見学した子ども達の雑技公演の観賞です。小さいのに高度な技に挑戦する子ども達の姿に感動し、ショーに引き込まれていきました。劇場の中は、白人・黒人・東洋人・インド人様々な人種の方たちがいて、北京はアジア有数の国際都市だということを知りました。

その後ホテルに入ります。中国のホテルはどんな感じだろうと思っていましたが、いいホテルで部屋も広くてお風呂もきれいでした。充実した一日を振り返り、明日は何があるのだろうと考えながら、ベッドに横になります。疲れているのですが、興奮してなかなか眠れませんでした。

第二日目　二〇〇七年三月二十五日（日）

次の日、万里の長城を見学。死ぬまでには一度は行ってみたかった所ですが、こんなに早くに実現するとは夢のようです。あまりの規模の大きさに感動し、ロープウェイの高さときしみに怯えました。よくもまあ、こんなところに作ったものです。果てしなく続く万里の長城の上を歩くと、まるで歴史の上を歩いているようです。一歩一歩足を踏みしめて歩きます。急な坂で、歩くのも大変な傾斜でした。作った人はさぞ大変だったでしょう。改めて人間の力はすごいと思いました。本当に歴史を実感できる場所でした。世界は広く、そしてでかい。自分の無知と、ちっぽけさを実感させてくれた場所でありました。

午前中は明の十三陵（地下宮殿）の見学です。歴史的価値が高い埋蔵物や調度品がたくさんありました。「中国の歴史をもっと勉強してくればよかった。高校のときも世界史の授業を、もっと真面目に受けとけばよかった。」今更、どうしようもないことを考える自分がいました。随分、団のメンバーとも打ち解け、仲のよい先生たちと写真を撮ったり食事をしたりと行動を共にし、だんだんとこの旅が楽しくなってきました。

ホテルに帰り、「さあ、明日からは学校訪問だ！　授業もあるぞ！　準備もしなくちゃ！」と早く寝る予定が、堀俊一先生と小西豊文先生と一緒にマッサージに行き、その後、私の部屋に古本温久・小出一祐・流田賢一・田中康予・阪上瑞穂・矢野恵子（みんな公立の先生です）の若手の先生方が遊びに来ました。自分の学校のことや学級、仕事の悩み、授業論などの話に花が咲き、お酒も進みました（チンタオビールおいしいですよ）。みんな外国にいるせいかハイテンションで、授業の準備や睡眠よりずっと充実した、価値のある、楽しい一時《ひととき》でした。

第三日目　二〇〇七年三月二十六日（月）

さあいよいよ学校訪問の日。まず、芳草地小学校を訪問です。インターナショナルスクールということを訪問してから聞かされました。もう、とにかくすごい学校で、沢山の国の国旗が掲げられています。聞くと在学している子どもの国の国旗がすべて掲げられているとのこと。校長先生が、「ここは小さな国連、と呼ばれています。」とおっしゃられたのが印象的でした。各国のＶＩＰも多く訪れるのでしょう。博物館のような建物、普通の学校ではありえない大変貴重な多くの歴史的展示品、まるで競技場のようなグラウンドやテレビ局並みの放送設備。中国クラスと国際クラスがあり、子ども達は本当に生き生きと活動していました。白人の子、黒人の子、日本人の子も沢山いました。我々を学校案内してくれたのは日本人の子で、どの子も礼儀正しく、はきはきしていて、すがすがしく、とても嬉しい気持ちになりました。

「外国で暮らす君たち。日本代表としてがんばってね！」

谷口徹先生が、日本人学校とインターナショナルスクールの違いを教えてくれました。短期滞在の家庭はすぐに日本に戻るので日本語で授業をする日本人学校に子弟を通わし、長期滞在や永住の家庭が中国語で授業をするインターナショナルスクールに通わすそうです。なるほど、納得です。谷口先生は海外で日本人学校の経験もあり、本当に色々なことを教えてくださいました。大変勉強になりました。ありがとうございます。谷口先生。

午後からは北京大学附属小学校に移動し、私と堀先生の授業がありました。その後、中国の先生の授業を見ました。珍しく男の先生（私が五つの学校で見た唯一の男の先生、小学校の先生はほぼ全員が女の先生と言っても過言ではないでしょう）で熱血的な授業で、熱く子ども達に語りかけ、子どももそれに答え授業が展開されていきました。日本とは違い、展開がとても早かったが、それについていこうという子ども達の姿勢がまた素晴らしかった。子ども達のレベルに合わせてあげることは大切なことかもしれないが、日本は少し合わせすぎなのかもしれない、と感じました。

第四日目　二〇〇七年三月二十七日（火）

今日も学校訪問の日。昌平区昌盛園小学校を訪問しました。朝、全校児童で体操をしていましたが、人数の多さに驚きました。一つの小学校で三千人を超す人数です。一クラスの人数も本当に多い。さすが世界一の人口の国です。このツアーで仲良くなった古本先生が、この学校で授業を行いました。子ども達と一体となり、一緒に創り上げる授業。久し振りにいい授業を見ました。笑いあり、涙あり、授業の後、子ども達が古本先生の周りに自然と集まっていました。先生と子どももってたった一時間の授業でこんなに近くになれるんだ。授業って素晴らしい。自分自身も改めて気持ちが引き締まりました。古本先生お疲れ様。お世辞なしに、素晴らしい授業でしたよ。私も負けずに頑張ります。

昼食後、北京外国語大学附属外国語学校を訪問。全寮制で、少人数クラス、教室はまるでアメリカの学校のような雰囲気。小学校のうちは、この学校の子ども達は、英語を徹底的に勉強するそうです。ちょうどお昼寝の時間、あどけない表情で眠る子ども達を見て、中国はこういったエリート教育をしているんだということを知りました。その後、日中算数・数学教育シンポジウムがあり、北京市の教育委員会の先生の講演、小西先生の講演がありました。また今回、北京大学の日本語専攻の学生に落語の公演をした、桂小米朝さんと佐藤学先生による対談「算数授業と芸道」がありました。大変興味深く聞かせていただきました。今回の訪問団の団長、佐藤学先生の名司会ぶりと、「教師ももっとパフォーマンスを学ぶべきだ」というお言葉が印象に残りました。

第五日目　二〇〇七年三月二十八日（水）

さあ、いよいよ最終日。世界文化遺産の故宮（紫禁城）を見学しました。すごい、すごい、あまりの大きさに驚きました。中国の皇帝がいかにすごい権力を持っていたか、九九九九の部屋！　想像を絶する建物で、じっくり見学すると少なくとも二〜三日はかかるそうです。ラストエンペラーの映画をここで撮ったそうですが、

「そりゃ迫力あるはずだ、本物でやってるんだもんな」と妙に納得しました。天安門の後ろにあんなすごいものが控えているなんて知りませんでした（本当に中国のことを何も知らないまま行ってたんだな）。もっと勉強して、もう一度行こうと思います。

いよいよ帰阪です。

まとめ

オリンピックムードただよう北京の算数交流事業に参加し、中国の学校を五つ訪問しました。まず、北京の外国人観光客の多さに驚きました。観光地や劇場は中国の団体はもちろん、白人、黒人、中東系、東南アジア系、本当にたくさんの人種がひしめき合っているという感じでした。子ども達の、第一印象は元気のよさで、初めて来た私にも、積極的に話しかけ、言葉の壁や文化の違いなどものともしない、自然な、元気一杯の交流でした。授業をし、一所懸命「数独」に取り組む子ども達を見ていて、本当に「かわいいな」と感じました。どの顔も明るく、輝いていていました。子どもは、たとえ国が違えども本当に素晴らしいものだ、教師をしていてよかった、と心から思いました。

私は、今回の交流で、次の世代の日中友好における頼もしい担い手たちを見た気がしました。この経験を教職を通じ、少しでも両国の関係に役立てられればと思います。

芳草地小学国际部值周情况统计表

■スピーディーな中国の先生
―日中小学校算数数学国際シンポジウムに参加して―

（株）新興出版社啓林館　第一編集部（算数教科書編集担当）　高橋秀信

佐藤学先生から今回の企画へのお誘いをいただき，まずはいろいろな思いが頭をめぐりました。

「おもしろそう！」

「でも、仕事として行けるのか？（会社は、海外出張を認めてくれないだろう）」

「個人として行くとしたら、費用はどうする？（女房を説得しないといけない）」

で、悩んだ結果、算数の教科書を進呈するという仕事を兼ねつつも、基本的には個人としての参加をすることにしました。家計から快く旅行の費用を出してくれた女房に感謝！

旅行に参加してまず一番に感動したのは、彭飛《ポンフェイ》先生の尽きることのない気配りでした。今回は算数・数学グループだけでなく桂小米朝さんの落語グループと共同の旅なので、その架け橋として活躍するだけでなく、初めて参加する人たちが心細くならないように次々と声を掛けてくださったので、誰もが安心して旅を楽しめたのではないかと思います。また、同様に日中の架け橋となっていただいた杜威先生、団長の佐藤学先生、また同行の諸先生方にもとても感謝しています。

さて、肝心の日本と中国の先生による提案授業は、全体として中国側の提案の方に魅力を感じました。それは、おそらく私が日本の授業スタイルを見慣れすぎており、素晴らしい授業でも厳しい目で見てしまっているからだと思います。実際のところ日本の先生方は、慣れない中国の子ども達とことばの壁に苦戦しながらも、授業が終わった後には満足した子ども達をつくり出していたのですから。日本で確立している授業スタイルでは、間違いなくトップクラスの先生方です。

中国の先生方の授業の素晴らしさは、何といっても流れるようにスピーディであったこと。特に、芳草地小学校の王先生の授業に一番感動を覚えました。先生の課題提示や発問に無駄がなく、それでいて分かりやすいので子ども達もどんどん算数の世界に引き込まれて行く。その様子はまるで脚本通りに進む算数の舞台を見ているかのようでした。内容も、「垂直と平行の概念」というどちらかというと研究授業向きでない普通の学習を、授業のいわゆる起承転結をしっかりと押さえながらしかも魅せる授業にしてしまうところ、日々の絶え間ない研究の賜物ではないかと思います。

また、どの学校のどの学級でも、スクリーンに映した自作のプロジェクタ映像と黒板を巧みに使いこなしていたことにも驚きました。日本の小学校の教師は主に全教科を教える学級担任制のため、プロジェクタ映像を準備する時間がないのが現実で、さらには各教室への機器の配備がなかなか進まないなどいろいろ問題はあるようです。しかし、実際のところプロジェクタと黒板の両方を使うと理解しやすく感じられたので、日本でも中国のような授業スタイルがどんどん広まってほしいと思いました。

そういえば、一点だけ疑問が湧いたことがあります。それは、佐藤先生の提案授業「鏡を使って」の際でした。それまで、知識・理解に関する対応はどれも素晴らしかった子ども達が、プリントされたドットの数を鏡を使って増やす内容で、柔軟さが欠けているように思えました。日本で同様の授業を佐藤先生がされた際には、「違うところに鏡を置いても同じ数ができた。」などどんどん考えが膨らんでいったのと比べると、明らかに反応が異なったように思えます。

もしかすると、創造力を必要とするようなものは日本の子ども達の方が得意なのかもしれません。もしそれが本当だとすると、何が原因なのか、またそれを大事にするのかもっと知識や理解を重視すべきなのか、いろいろと研究していかなければなりません。

結局、個人での参加をしつつ、たくさんの仕事を抱えて帰国してしまいました。教科書として何ができるか、課題は山積ですが、少しずつでも算数が好きになってくれる子ども達が増えるよう努力していきたいと思っています。

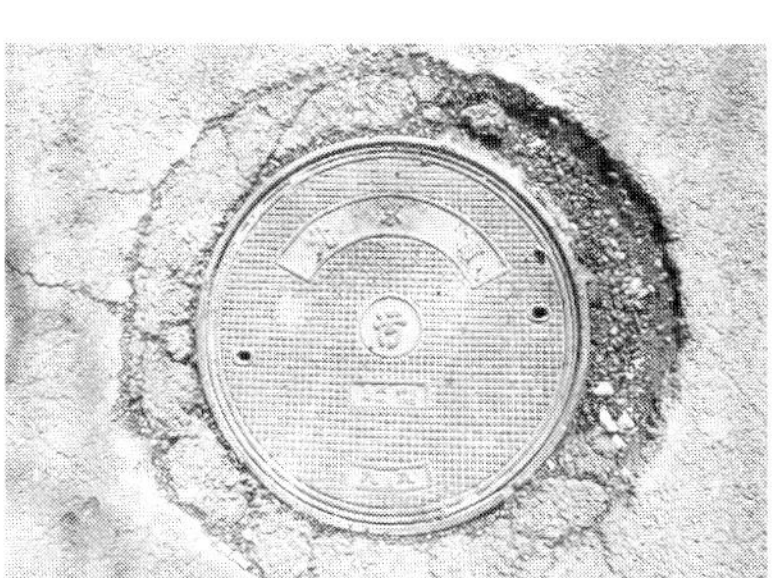

日中の明るい交流をプロデュースする

―「あとがき」にかえて―

京都外国語大学教授　彭《ポン》　飛《フェイ》

五十五人執筆の文集をご覧になって、ご感想はいかがでしょうか。

ここ二十年、小生は日中の文化・教育の交流をボランティアで数多く手がけ、予想外の大きな感動と忘れがたい思い出がいっぱいできました。国際的な交流企画のプロデューサー、コーディネーターがもっと多ければ、明るい国際交流がもっとできるのではないかとも思いました。そのような人材、国際交流のプロを育てるのもわれわれ大学人の課題だと痛感しております。

今回の二つの交流は皆様のおかげで大成功を収めました。昨年の秋、日本の小学校算数授業研究グループの先生たちに日中の交流の企画を頼まれました。その準備中に桂小米朝師匠の北京での落語会の企画を思いつき、日本語学習中の大学生に落語を一席、と長年の友人・桂小米朝師匠にお願いしたのですが、すぐＯＫの返事をいただき、飛び上がりました。とてもうれしかったのです。大阪府庁の記者クラブで記者発表会、翌日、各紙とも一斉報道。明るい話題を発信できました。こうして桂小米朝師匠の落語会と日中の小学校の先生の交流という二つのユニークな国際交流が北京で実現できました。

記者発表会にて
左から順（北京大学彭広陸博士、小米朝さん、小西豊文教授、筆者）

参加者は四十名近く、三十代と四十代を中心に、桂小米朝師匠を含め、初めて中国を訪問する方が多い団でした。

北京大学と北京日本人会での落語会

桂小米朝師匠との出会いはそもそも二十二年前のNHK・TVの番組。関西で開催された日本語弁論大会で私が一位になり、NHKが一時間ほどの特番を作ってくれました。桂小米朝さんも出演し、東大教授・尾上圭介先生と三人で「日本語の国際化」についてトーク。当時、筆者は来日してまだ一年未満、落語家・小米朝師匠の滑らかな日本語に惹きつけられ、熱烈なファン、とりこになりました。二十年経った今もなお記憶に新しい出会いです。彼は私と同い年、人間国宝の息子としてここ二十数年、よく頑張っています。落語の世界だけではなく、映画、テレビドラマ、歌舞伎、演劇、テレビ、ラジオなどでも活躍され、更にクラシック音楽や油絵にも造詣が深く、素晴らしい国際親善の大使でもあります。

三月二十六日午後、桂小米朝師匠の落語会が北京大学で始まりました。北京大学は中国きっての名門校で、日本語を勉強している学部生五十人、院生五十人、全員出席しても百人、二百人の会場に人が集まるかどうかが私の最大の心配事でした。当日は月曜日の午後、

授業のある日です。ところが、師匠の魅力なのでしょうか、関係者の努力で、会場はいっぱいになりました。北京大学の学生がポスターまで作って、北京のほかの大学の大学生にも呼びかけ、そのおかげで、盛大な落語会となりました。北京だけではなく、はるばる河南省洛陽から洛陽外国語大学の盛文忠博士もお見えになり、感激しました。北京大学は市街区からかなり離れたところにあり、北京のほかの大学の学生はバスや電車を乗り継ぎ、またバスをチャーターして来られたそうです。噺家《はなしか》は、まさにことばのプロです。落語『動物園』の素晴らしい噺に、大学生たちは初めから終わりまで素直に笑い続けました。日本で落語をやるよりも受けたのではないかと、最後列に座った私は胸を撫で下ろしました。

舞台に座布団一枚置けばいいという楽なことではありません。高座を作るなど準備が結構大変でした。北京大学の彭広陸博士が関西に来られたとき、米朝落語研究会の拠点・京都「東山安井金比羅会館」に案内し、高座を実際に見てもらいました。当日開演前、桂小米朝師匠や米朝事務所代表取締役の今井浩氏の、用意された高座の高さではまだ足りないとの言葉に、北京大学の教授や院生たちはあわてて一緒にレンガを運び、台を高くしたそうです。落語に欠かせない高座、一人芸なので、ある高さがないと会場を沸かせることが難しいことがよく分かりました。

北京大学で会場をどこにするかは二転三転しました。国際シンポジウム用のホールばかりで、それでは舞台と客席とが離れすぎています。何よりも傾斜のない椅子式で、後ろの方は見にくい。最終的に素朴なちょっと古い外国語学部の大講堂に決

和泉書院　廣橋社長から北京大学へ寄贈。

まりました。学生との距離が近く、これは大正解でした。

小米朝師匠の魅力的な咄に、北京の大学生は古典芸能を堪能したばかりではなく、日本語の勉強にもいい刺激になったのではないかと思います。これは従来にない日本語教育の国際的なイベントの試みであると自負しております。

小米朝師匠の準備も半端ではありませんでした。前日から、故宮などの観光をすべてキャンセルし、リハーサルに専念すると言い出し、企画者の私を驚かせました。無理に連れ出しましたが、公演前の食事会はキャンセルし、一人控室でぶつぶつリハーサル、最高のコンディション作りに没頭していた姿は印象的でした。

北京大学での落語が終わってすぐ、その足で北京日本人会主催の落語会に向かいました。場所は日本国大使館大使公邸。ここは北京大学とがらりと雰囲気が変わり、客席は背広一色で重々しい雰囲気を感じました。一時間前に会場は満席です。小米朝師匠の話はみんなをずいぶん楽しませました。北京在住の日本語のできる中国人VIPも招待され、そのうちの一人から、質疑応答の時間に、中国の古典の題材の落語ができないかとの提案もあって、とても素晴らしい交流となりました。

また、小米朝師匠は小学校の算数の先生と同行し、算数を題材にした落語の話にも花が咲きました。中国古典の笑話を題材にした落語、算数を題材にした落語、中国の単口相声（落語に当たる）演出家による日本の落語、日本の落語家による中国の単口相声など、この旅で桂小米朝師匠は新しい課題・新しい世界についても考え始めたのではないでしょうか。

日本と中国の小学校算数先生の交流

小米朝師匠の落語会と同時に、三十数名の日本の小学校の先生が、北京の三つの小学校で教壇に立って算数の授業をし、また北京の優秀な先生による算数の授業を参観しました。日本の国立・公立・私立の研究熱心な算数の先生たちが北京に一堂に会し、素晴らしい提案授業をし、中国人先生からの評判も高かったのです。

小学校の日中交流の今までのパターンは児童の絵の交換や学校見学が多く、国語の授業だと、日中で異なる漢字などがあって交流しにくい面がありますが、算数なら共通の数学課題があり、とても面白い！　円、分数、面積、図形、負の数など工夫次第で授業を生き生きとさせます。授業力が問われる日中小学校の先生たちの交流はみんな真剣でした。北京での初の試みでした。

今回、北京を訪問した算数の先生たちの個人研究のレベルは大変高い。こんなすばらしい授業を一度に参観するのは日本でも難しい。中国人先生の授業について、団長・佐藤学先生（大阪教育大学附属池田小学校教務主任）は「完成度の高い中国の算数授業が一番の驚き。授業のテンポがよく、流れるようなものでした。子ども達も素直、一生懸命で、生徒それぞれが夢をもっていることもこうした授業を作り出す大切な条件ということを見出すことができた」と言ってくれました。

佐藤団長は結構凝り性です。事前に佐藤団長のご要望で、三つの異なるパターンの小学校を窓口の北京教育科学研究院にお願いしました。一つはインターナショナルスクール、一つは大学附属小学校、一つは郊外にある小学校。北京教育科学研究院の呉正憲先生のご尽力で、三つの小学校が決まったのです。外国人先生が教壇に立って算数を教えるのはどの学校も初めてのことでした。

インターナショナルスクールは北京芳草地小学校。三分の一は外国籍の児童、日本国籍の子どもはわれわれの案内役で、礼儀正しく丁寧に案内してくれました。授業中、「分かった」と日本語で答えた生徒もいました。

大学附属小学校は北京大学附属小学校。野球が盛んと聞いて、授業者でもある奈良の帝塚山小学校校長・堀俊一先生は野球用具一式をプレゼントし、ずいぶん友好ムードを盛り上げました。

郊外にある小学校は昌平区昌盛園小学校。当日、万里長城のふもとの小学校の先生も三十人ほどバスをチャーターして授業参観に来られました。昼食会のとき、地元料理をいただき、これからの交流についてもずいぶん盛り上がりました。

日本人先生の授業は最新の教具を用いるのもあれば、鏡を使って教える先生も、パワーポイントで授業する先生もいます。私は古本温久先生（東大阪市立玉川小学校）の「20をつかめ」の授業を聴講し、工夫された授業に、生徒全員が総立ちになって答えようとする光景が脳裏に焼き付いて離れません。感動的な授業でした。

最後に、北京外国語大学附属外国語学校で、「二〇〇七・日中小学校算数教育国際シンポジウム」（北京）を開き、総括しました。桂小米朝師匠も応援に来られ、算数授業をいかに面白くするか議論されました。

初めての外国人先生による算数授業、北京の先生たちも「授業はとても刺激的で面白かった。学ぶところが多かった。北京の小学生も一生、印象に残るのだろう」と話してくれました。

日本人の先生からは「このような国際交流は非常にありがたい」「刺激になる旅でした」の感想が多かった。また「今まで何度も教師をやめたいと思いました。北京で見た世界は私に勇気と希望を与えてくれました。あの光景を一生忘れることはないでしょう」との手紙を寄せてくれた先生もいました。

関係者に感謝!!

今回、多くの方々のお世話でこのように有意義な知的交流ができました。お名前を記して、関係者の皆様に心から感謝いたします。

まず、お二人の方に感謝しなければなりません。彭憲《ほうけん》社長は今回の二つの交流を支援してくれました。また、長年の友人の北京文化局国際交流室の孫波《ソンボ》さんが架け橋となり、素晴らしい北京市国際芸術学校や北京市教育委員会国際交流室や北京教育科学研究院国際交流室を紹介してくれました。

落語交流

桂小米朝師匠、米朝事務所の今井浩様（代表取締役）、写真家・佐々木芳郎様（フォトライフ社長）、小澤龍明様（大阪府アジア交流担当）、劉樹宏様（ＪＴＢ）

北京大学日本文化研究所・孫宗光名誉所長、日本語学部の彭広陸博士、趙華敏博士、於栄勝博士、金勛博士、馬小兵博士、丁莉博士及び北京大学で研究中の於康博士（関西学院大学）、雑誌『人民中国』編集長・王衆一様、「中国国際放送局」の傅穎様、胡徳勝様

北京日本人会会長の山崎邦生様（全日空中国総支配人）、藤田安彦様（国際交流基金会北京事務所所長）、許斐京子様（事務局長代理）、辻隆久様（帝人北京事務所所長）及びボランティアの方々。素晴らしい場所を貸してくださった日本国大使館宮本雄二大使、加藤弘之先生（神戸大学大学院教授、前日本国大使館公使）、泉裕泰総務公使及び総務部の方々、大使公邸の中国人スタッフ、吉田照佳様

算数交流

佐藤学先生、小西豊文先生、堀俊一先生、杜威先生及び授業者・参加者の皆様、北京日本学研究センター長の徐一平博士、池田市教育委員会

北京教育科学研究院の張鉄道副院長、同研究院基礎教育研究センターの趙宝軍先生、賈美華先生、範存麗

先生。特に算数の特級教師の呉正憲先生と国際交流担当の張婷婷先生に色々とお世話になりました。

袁礼様（北京市教育委員会国際合作交流処処長）、許淑華様（北京市教育委員会国際合作交流処国際交流担当）及び北京芳草地小学校、北京大学附属小学校、昌平区昌盛園小学校の関係者各位。北京外国語大学附属外国語学校の張継軍先生、北京市国際芸術学校の張紅常務副校長、張玲玲先生（国際交流・留学生担当）

北京で贈呈式もたくさん行いました。

①帝塚山小学校（堀俊一校長）野球用具一式（北京大学附属小学校で）。そのほかに帝塚山小学校と北京大学附属小学校とが、それぞれ四年生の児童の絵五十枚の交換を行いました。

②啓林館（原野圭司会長）算数教材（訪問校及び北京教育科学研究院で）

③和泉書院（廣橋研三社長）日本語・日本文化に関する高価な研究書（北京大学、北京日本学研究センター、日本国大使館大使公邸で）

④らくだ書店（松竹毅会長、松竹栄子社長）日本語辞書、童謡・唱歌、児童文学、日本の昔話などの書物（北京大学、北京外国語学院外国語学校で）

⑤東洋館出版社　教具パターンブロック（芳草地小学校で）

⑥秋田大学・杜威先生　算数教材（訪問校及び北京教育科学研究院で）

今回は本来、添乗員がつかないツアーでしたが、「読売旅行」側はこの二つの交流を支援したいと、特別に阪神山手営業所長・吉川敦子様が添乗員として同行してくれました。現地の「北京文物国際旅行社」日本部の計一凡様、通訳の黄長虹様、史軍様、また授業通訳の北京大学の院生の陳晶さん、史曼さん、黄成皎さんにも色々と御世話になりました。歓迎宴に張芸謀事務所の厖麗薇様、北京花家地小学校の楊慶華先生（北京オリンピックで日本チームを応援する学校／一校一国運動）にも来ていただきました。

出発する前に、『二〇〇七・日中小学校算数教育国際シンポジウム（北京）』指導教案集を啓林館のご協力で印刷していただきました。日中言語の翻訳は短い時間の大変な作業でした。任川海先生、辻周吾くん、陳晶さん、史曼さんなど大学の先生や院生諸君にもご協力いただきました。また、この本の校正などで中川武之先生、藤尾直正先生、藤尾玲子先生、中山典子先生の御世話になりました。

日中小学校算数交流について紙面の関係でこれ以上専門的に紹介できませんが、出版社「啓林館」のホームページで、これから紹介しますので、ご覧になってください。

和泉書院の社主・廣橋研三様は今回も北京大学と北京日本学研究センターに高価な研究書をたくさん寄贈し、海外の日本語・日本文化の研究を支援されました。また、この感動的な二つの交流をこのような形でご出版いただき、なんとも感謝のことばも見つかりません。

本当にありがとうございました。

■編者プロフィール

彭　飛（ポン　フェイ）

一九五八年、中国上海生まれ。中国復旦（ふくたん）大学卒業。国際日本文化研究センター客員助教授、京都外国語大学助教授を経て、京都外国語大学教授。博士（文学）。大阪市外国籍住民施策有識者会議委員（大阪市）、大阪二十一世紀協会企画委員、高槻市都市交流協会評議員、大阪府日中友好協会理事、池田市日中友好協会参与などを務める。主な著書には『日本人と中国人とのコミュニケーション』（和泉書院）、『中国語虎の巻』（東方書店）、『中国雲南岩絵のなぞ』（祥伝社）、『日本語の「配慮表現」に関する研究』（和泉書院）、『日本語の特徴』（凡人社）など多数。新編著『日中対照言語学研究論文集』（和泉書院）がある。

桂小米朝（かつら　こべいちょう）

一九五八年、大阪市生まれ。本名中川明（なかがわあきら）。一九七八年八月桂米朝に入門、同年一〇月、京都・東山安井の金比羅会館「桂米朝落語研究会」にて初舞台。大阪府民劇場賞奨励賞、兵庫県芸術奨励賞受賞。落語家でありながら、映画「細雪」「おはん」、NHK教育TV「ドイツ語会話」（二〇〇一年～二〇〇三年）、テレビドラマ「心はいつもラムネ色」「和っこの金メダル」「てるてる家族」など、その他ラジオ、舞台でも活躍。ピアノ、絵、古代史、国際経済、私的国際学研究、サッカー、陸上競技。ミュージカルやクラシック音楽にも凝っている。

佐藤　学（さとう　まなぶ）

一九六八年、岡山市生まれ。大阪教育大学教育学部卒業、奈良教育大学教育学研究科数学教育専修数学科教育専攻修了。大阪市公立小学校を経て、一九九六年から、大阪教育大学附属池田小学校教諭。日本数学教育学会算数教育編集部常任幹事、関西算数授業研究会研究部長兼事務局長、大阪数学教育会事務局、大阪府公立小学校算数教育研究会数楽コンクール実行委員。『学力保障と学習集団づくり　小学高学年』

（分担執筆　豊田ひさき編　明治図書　二〇〇四年十二月）、『子どもと先生が創る算数的活動』（共著　大阪教育大学附属池田小学校算数部　東洋館出版社　二〇〇二年五月）など多数。

小西豊文（こにし　とよふみ）

一九四九年大阪市生まれ。大阪教育大学数学科卒業。兵庫教育大学大学院修了。元大阪市立小学校教諭、教頭、校長。大阪市教育委員会首席指導主事など、芦屋大学助教授を経て、現在大阪成蹊短期大学教授。専門は算数教育論。現在、文部科学省中央教育審議会算数数学専門部会委員、兵庫教育大学大学院同窓会副会長、エリーニユネスコ協会理事、大阪市立田辺小学校学校評議員など。主な著書に『子どもが飛びつく算数面白物語』（明治図書）、『みんなで楽しむ算数面白朝会』（明治図書）など多数。

堀　俊一（ほり　しゅんいち）

一九四六年生まれ。佐賀大学教育学部及び奈良女子大学数学研究科卒業。日本私立小学校連合会副会長・西日本私立小学校連合会会長、学校法人帝塚山学園理事・帝塚山小学校校長・幼稚園園長、新算数教育研究会理事、関西算数授業研究会顧問など。一九九八年、教育功労者として文部大臣表彰を受ける。主な執筆には、人間教育双書12「ねばり強い子ども」（明治図書　一九七六年）、「算数科における子どもの認識と操作」（理数教育研究所　一九七八～一九八〇年）、「小学校三年・よい授業の条件」（明治図書　一九八八年）、「小学校四年・よい授業の条件」（明治図書　一九八八年）、「算数・数学教育、実践的研究のすすめ方・まとめ方」（東洋館出版社　平成四年）、新・算数授業講座「個性を生かす授業と課題選択学習の展開」（東洋館出版社　二〇〇〇年）など多数。

笑って 学んで in北京 桂小米朝落語＆算数交流

2007年8月10日 初版第1刷発行©

編 者――彭 飛
桂小米朝
佐藤 学
小西豊文
堀 俊一

発行者――廣橋研三
発行所――和泉書院
〒543-0002 大阪市天王寺区上汐5-3-8
電話06-6771-1467 振替00970-8-15043

印刷・製本 亜細亜印刷／ブックデザイン 井上二三夫
ISBN978-4-7576-0423-0 C0037
定価はカバーに表示